Ingrid Auer

Engel begleiten durch Krankheit, Tod und Trauer

Spirituelles Praxishandbuch

ekonja

Die im vorliegenden Buch dargestellten Empfehlungen und Methoden sind nach bestem Wissen und Gewissen erklärt. Autorin und Verlag übernehmen daher keinerlei Haftung für Nachteile, die sich eventuell aus dem Gebrauch der in diesem Werk erläuterten Empfehlungen und Methoden ergeben können.

1. Auflage 2007
ISBN 978-3-9502151-3-7

Wienerstraße 49, A-3300 Amstetten
Ekonja-Verlag im Internet: www.ekonja-verlag.com
Engelessenzen und Engelsymbole: www.engelsymbole.com

Umschlaggestaltung, Buchdesign und Satz: Clemens.Auer@gmx.at
Lektorat: Gerd Schwank
Druck und Bindung: Druckerei Berger, Horn

für Betroffene, Angehörige, Trauernde,
Pflegepersonal, Therapeuten und Energetiker

Ingrid Auer

Engel begleiten durch Krankheit, Tod und Trauer

Spirituelles Praxishandbuch

Mut* / Kraft + Hoffnung / (neue Impulse)

Engelessenzen und Engelöle sind Hilfsmittel, die ein „Heil-Werden“ des feinstofflichen Körpers ermöglichen. Diese Essenzen und Öle sind keine Heilmittel im medizinischen Sinne und ersetzen weder Arzt noch Medikamente.

i

Danke

Ich danke meinem persönlichen Engel EKONJA, der mich bei der Ausführung meiner Aufträge stets lenkt und leitet. Ihm zu Ehren benenne ich meinen Verlag nach seinem Namen und stelle ihn unter seinen Schutz und seine Führung.

Ich danke GERD für seine gründliche und professionelle Lektoratsarbeit.

Ich danke meinem Sohn CLEMENS für die wunderschöne grafische Aufbereitung dieses Buches.

Und nicht zuletzt danke ich all meinen HIMMLISCHEN FÜHRERN und BEGLEITERN für ihre Impulse, Botschaften und Hilfestellungen.

Inhalt

PRAXISTEIL

Ein Wort Zuvor

Oft sind es Krankheiten, Lebenskrisen oder „Schicksalsschläge" die der Mensch braucht, bis er sich erstmals der Geistigen Welt, beispielsweise der Engelwelt, öffnet und sich darauf einlässt, dass Engel mehr als schmückendes Beiwerk in der Kirche oder in der Weihnachtszeit sind.

Engel werden meist lieblich, putzig, goldig oder kitschig dargestellt, mit dicken Bäckchen und dicken Beinchen, goldenen Flügeln und einem Musikinstrument in der Hand. Aus diesen Bildern lässt sich leicht ableiten, welch untergeordnete Bedeutung und bescheidene Aufgabe den Engeln in unserem Denken zugeordnet werden.

Bis in die heutige Zeit war es meist nur dem Klerus und einigen wenigen Menschen, die sich mit Angelogie beschäftigt hatten, vorbehalten, über Engel zu schreiben. Wie konnte denn ein Laie etwas über Engel wissen? Dadurch wurde eine künstliche Distanz zwischen den Menschen und der Engelwelt aufrechterhalten. Nur im Volksglauben hatten Engel immer ihren festen Platz. Doch das hat sich in den letzten Jahren allmählich verändert. Mehr und mehr Menschen haben bereits eine persönliche Begegnung mit ihren Schutzengeln erlebt, interessieren sich für Engel im Allgemeinen oder spüren deren Energien immer deutlicher.

Engel sind unsere ständigen Begleiter und Freunde auf der geistig-spirituellen Ebene: Unsichtbare Helfer, die jederzeit bereit sind, den Menschen zu helfen und sie zu unterstützen. Sie sind an ihrer Seite, wenn sie krank sind, wenn sie sich mit ihren Problemen alleine fühlen, wenn sie mit Schicksalsschlägen überfordert sind, wenn sie den Boden unter den Füßen verloren haben. Auch wenn die Engel Geschehenes nicht ungeschehen machen können, nehmen sie die Menschen dennoch behutsam an der Hand und führen sie sanft und liebevoll, gleichzeitig auch energisch und sehr kraftvoll durch Zeiten der Hoffnungslosigkeit, der Trauer und des Schmerzes. Wenn man sich ihnen bedingungslos anvertrauen kann, bekommt man umso mehr die Chance, gewaltige menschliche Transformationsprozesse beschützt und behütet zu durchleben, daran zu wachsen, und gestärkt und mit neuen Erkenntnissen daraus hervorzugehen. Dass dies Ihnen persönlich gelingen möge, das wünscht Ihnen von Herzen

Ingrid Auer

Wie Sie Von Diesem Buch Profitieren Können

Was auch immer der Grund sein mag, dass Sie dieses Buch nun in Händen halten: Es kann Ihnen die Tür zu einer neuen Welt öffnen, Einblicke und Zusammenhänge aufzeigen, die für Sie vielleicht noch fremd und unbekannt sind. Es ermöglicht Ihnen, liebe Leserin, lieber Leser, das Eintauchen in neue Dimensionen Ihres Seins, denen Sie im Stress Ihres Alltags und in den Sonnenzeiten Ihres Lebens wenig Beachtung schenken werden: Das Eintauchen in die Geistige Welt, die Engelwelt. Jene Ebene, von der Ihre Seele herkommt und wohin sie wieder zurückkehren wird.

Dieses Buch, das nicht die Absicht hat, religiöse Werte zu vermitteln, möchte Sie vielmehr Schritt für Schritt in die Welt der Engel einführen und Ihnen spirituelles Hintergrundwissen zu den Themen Krankheit, Tod und Trauer vermitteln. Es will Ihnen Mut machen, sich auf die Engel und ihre Hilfsmittel einzulassen und diese einfach auszuprobieren. Das Buch ist so aufgebaut, dass sich selbst jene Menschen, die sich mit Engeln und den Geistigen Welten noch nie beschäftigt haben, sanft und behutsam dieser „anderen Welt“ annähern können.

Kapitel für Kapitel

Nehmen Sie sich ausreichend Zeit und lesen Sie die einführenden Kapitel aufmerksam durch. Aussagen, die Ihrem derzeitigen Weltbild nicht entsprechen, lehnen Sie - wenn möglich - vorerst einmal nicht rundweg ab. Lassen Sie diese im Raum stehen und auf sich wirken. Viele neue und vor allem spirituelle Informationen brauchen Zeit, bis man sie nachvollziehen bzw. sich auf sie einlassen kann. Das ging mir selbst ursprünglich genauso. Mit der Zeit wird sich mehr und mehr für Sie herauskristallisieren, dass es weit mehr gibt zwischen Himmel und Erde als das, was Ihnen bisher bewusst war. Prüfen Sie jedoch nicht mit Ihrem Verstand sondern mit Ihrem Herzen, was für Sie gut und richtig ist.

Meditationen und Übungen

Wie Sie vielleicht schon bemerkt haben, gibt es in diesem Buch einige Meditationen und einfache Übungen, die Ihnen in schwierigen Situationen oder Krisen helfen können. Falls Sie Lust haben, diese auszuprobieren, dann machen Sie das am besten wenn gewährleistet ist, dass Sie dabei ungestört bleiben. Sie sollten sich diese Zeit gönnen, denn sie ist gleichzeitig eine Entspannung in Ihrem stressigen Alltagsleben.

Für eine Meditation oder eine Übung ziehen Sie sich also zurück. Zünden Sie vielleicht eine Kerze an. Falls Sie eine Engel-Aura-Essenz zur Hand haben, können Sie damit zusätzliche Engelsenergien in den Raum bringen. Auch leise Musik schafft ein gutes Ambiente. Machen Sie es sich so bequem wie möglich und lesen Sie den entsprechenden Text im Buch ein paar Mal aufmerksam durch. Vielleicht gibt es jemanden, der gemeinsam mit Ihnen diese Übungen macht und Ihnen den Text vorliest. Sie können sich dabei hinlegen oder hinsetzen und - wenn Sie möchten - eine leichte Decke überwerfen. Dann versuchen Sie in entspanntem Zustand die Meditation oder Übung vor Ihrem inneren Auge ablaufen zu lassen. Falls es beim ersten Mal nicht gleich auf Anhieb klappen sollte, wiederholen Sie die Übung einfach noch ein paar Mal. Sie können dabei nichts falsch machen!

Kapitel 1 – Einführung In Die Welt Der Engel

Alles Wissen geht aus einem Zweifel hervor und endigt in einem Glauben.
Marie von Ebner-Eschenbach

Glaube ist Gewissheit ohne Beweise.
Henri Frédéric Amiel

Engel begleiten durch Krankheit, Tod und Trauer, aber auch durch Empfängnis, Schwangerschaft und Geburt. Ebenso durch Kindheit, Jugend und durchs Erwachsenenalter, durch freud- und durch schmerzvolle Zeiten. Die meisten Menschen wissen gar nicht, dass es auch in ihrem Leben Engel gibt, dass sie diese jederzeit um Hilfe und Unterstützung bitten können.

Auch ich war einst ein Engel-Neuling. Mit dem Eintritt in die Schule beschloss ich, dass Engel nur mehr etwas für kleine Kinder sind. Erst durch meine persönliche Lebenskrise, die ich Ende Zwanzig durchlebte, entdeckte ich die Engel neu. Ich bat sie, mir zu helfen, und sie taten es. Anfangs immer noch skeptisch und zögerlich, ließ ich mich auf sie ein. Sie wurden meine engsten Vertrauten und meine zuverlässigsten Helfer.

Mehr und mehr wuchs mein Glaube in die Engelwelt, wobei ich immer noch einen Rest an Skepsis in mir trug. Schließlich wollte ich nicht abheben und weltfremd werden. Im Laufe der Jahre schwanden meine restlichen Zweifel. Die Engel hatten mir in so vielen Situationen ihre Existenz bewiesen, dass ich heute mit hundertprozentiger Überzeugung sagen kann: Ja, es gibt Engel!

Was sind Engel?

Engel sind wunderbare, überirdische Wesen, die von Gott, von der Urquelle, von der Urkraft, vom Kosmos, vom Universum oder wie immer Sie diese Kraft bezeichnen möchten, an die Seite der Menschen gestellt wurden. Es sind spirituelle Wesen, die noch nie auf der Erde gelebt haben, und dennoch unsere menschlichen Probleme kennen. Wenngleich einem Engel menschliche Gefühle fremd sind - in der geistigen Welt gibt es keine Emotionen, wie wir Menschen sie kennen - können sie uns helfen, begleiten, führen und beschützen. Engel gibt es in vielen bildlichen Darstellungen: Lieblich, kitschig, romantisch - aber auch machtvoll, streng und in unser Leben eingreifend.

Das alles sind natürlich stark verzerrte Vorstellungen aus der Sicht der Menschen. Ein Engel ist an keine äußere Form gebunden, er kann alle Erscheinungsformen annehmen, die er möchte. So berichten Menschen, die bereits Engel wahrgenommen haben, von klassischen Engelgestalten, Lichtwesen, Farberscheinungen, starken Energiewellen und vielem anderen mehr.

Engel sind machtvolle Wesen, von einer Größe, die menschliche Vorstellungen weit übersteigen. Ähnlich der Seele eines Menschen bestehen sie aus reinem Licht, aus reiner Liebe. Wenn wir uns auf eine Erfahrung oder Begegnung auf dieser Ebene einlassen, werden wir spüren, wie Engel eigentlich sind.

Wie kann man mit Engeln Kontakt aufnehmen?

Weit verbreitet ist der Irrglaube, dass man nur durch Gebet oder Meditation mit der Engelwelt in Kontakt treten kann. Das mag für manche Menschen anfangs schon zutreffen, doch wenn Sie einige Male ehrlich und aufrichtig den Kontakt mit den Engeln gesucht haben, dann klappt das auf Anhieb, wie aus dem Stehgreif: Beim Aufwachen und Einschlafen, beim Autofahren, Fenster putzen oder Unkraut jäten. Überall und in jeder Lebenslage, denn Engel legen keinen Wert auf Zeremonien, Gebete und Rituale. Allein der ehrliche Zugang, die ehrliche Bitte ist ihnen wichtig.

Wie sieht das nun in der Praxis aus? Ganz einfach: Kommunizieren Sie mit den Engeln wie mit guten Freunden, oder wie in einem Selbstgespräch. Sie können sicher sein, dass Sie ge- und erhört werden.

Engel und Wunscherfüllung

Engel kennen Ihre geheimen oder offensichtlichen Wünsche und Träume. Doch nicht immer dürfen Sie Ihnen diese Wünsche erfüllen. Warum? Sie würden uns Menschen viele der Lernschritte vorweg nehmen, die für unsere Entwicklung wichtig sind. Und damit würden sie uns mehr schaden als helfen. Oder meinen Sie, Kinder lernen jemals sich die Schuhe anzuziehen, wenn Sie das immer für sie erledigen? Engel werden Ihnen jedoch Zeichen, Informationen und Botschaften geben, damit Sie erkennen, was Sie für Ihre Wunscherfüllung noch tun oder lernen müssen, oder, warum ein Wunsch nie in Erfüllung gehen wird. Doch seien Sie darüber nie ungehalten. Es geschieht immer alles zu Ihrem Wohlbefinden, auch wenn es auf den ersten Blick nicht so aussehen mag. Vertrauen Sie der Engelwelt, denn sie hat den Überblick über Ihr Leben.

Welche Engel gibt es?

Im täglichen Umgang mit Engeln sind folgende drei Engelgruppen für uns die wichtigsten: Schutzengel, Helferengel und Erzengel. Darüber hinaus gibt es zahlreiche andere Engel und Engelgruppen. Gehen Sie davon aus, dass es für uns Menschen unvorstellbar viele Engel gibt, die den Kosmos bevölkern.

Engel leben in einer genau definierten „Engelordnung", was soviel bedeutet, dass jeder Engel einen bestimmten Aufgabenbereich übernommen hat. Der Unterschied zu uns Menschen ist der, dass die Engel diese Ordnung akzeptieren und Konkurrenz- und Machtkämpfe nicht kennen. Beispielsweise leiten sie Bitten von Menschen, die nicht an den richtigen Zuständigkeitsbereich gerichtet wurden, sofort an die zuständigen Engel weiter. So gesehen gelangt jeder Wunsch, jede Bitte von uns Menschen immer genau an die richtige Adresse. Sie können also nichts falsch machen!

Engel entwickeln sich ständig weiter und sind - genau wie wir Menschen - immer wieder Prüfungen unterworfen. Wenn Sie mit Engeln zusammenarbeiten, erhalten Sie dadurch die Möglichkeit, sich schneller und leichter weiterzuentwickeln, da die Engel mit Ihnen und an Ihren Problemen mitwachsen. So gesehen stehen vor allem die persönlichen Engel mit Ihnen in direkter Verbindung und tauschen mit Ihnen Informationen aus. Das geschieht in erster Linie unbewusst und meist im Schlaf. In diesem Zustand „arbeiten" Ihre Engel auch an Ihnen und Ihrer spirituellen Weiterentwicklung, sofern Sie das zulassen und nicht blockieren.

>>Schutzengel<<

Die Engel, die Ihnen am allernächsten stehen, sind die Schutzengel. Dabei unterscheidet man zwischen Schutzengeln, die Sie Ihr ganzes

Leben lang begleiten, und Schutzengeln, die Sie nur während einer wichtigen Lebensspanne, etwa einer Schwangerschaft, umgeben und beschützen. Diese Zeitspanne kann auch mit Ihrer individuellen spirituellen Entwicklung zusammenhängen. Wenn Sie einen entscheidenden Schritt nach vorne getan haben, verabschieden sich bestimmte Schutzengel und neue kommen an Ihre Seite.

Zwei persönliche Schutzengel begleiten Sie aber ständig durch viele Inkarnationen, ja, seit dem Anbeginn Ihrer menschlichen Existenz. Diese beiden Schutzengel kennen Ihre Seele in allen Facetten. Mit ihnen gemeinsam planten Sie Ihren jeweiligen Lebensweg, Ihre Lernaufgaben, bevor Sie als Seele in einem Menschenkörper inkarnierten (1).

Je mehr Sie sich mit Engeln beschäftigen, je mehr Sie diese um Hilfe bitten, je mehr Sie sich spirituell entwickeln, desto mehr Schutzengel und Engel ziehen Sie in Ihr Leben. Jeder einzelne von ihnen ist für einen bestimmten Bereich in Ihrem Leben zuständig, je nachdem, was Sie sich für dieses Leben an Lernaufgaben vorgenommen haben.

>>Erzengel<<

Eine sehr wichtige Engelgruppe ist die der Erzengel. Manche Menschen sprechen von „meinem Schutzengel, dem Erzengel Michael". Die muss ich jetzt leider enttäuschen. Erzengel Michael ist kein Schutzengel, sondern ein Erzengel. Dennoch kann er an Ihrer Seite sein. Viele Menschen stehen neben der Führung ihrer persönlichen Schutzengel auch unter der Führung eines Erzengels. In meinem

(1) inkarnieren, Inkarnation siehe Glossar

Fall zum Beispiel ist das derzeit Erzengel Sandalphon. Diese Erzengel-Führung kann ein ganzes Leben lang dauern oder aber auch von einem Lebensabschnitt zum anderen wechseln. Dann übernimmt ein anderer Erzengel die Führung.

Erzengel sind besonders große, starke und mächtige Wesen und wirken im gesamten Kosmos. Wenn Sie einen Erzengel rufen, dann kommt er mit absoluter Sicherheit zu Ihnen. Ähnlich einer Sonne schickt er einen Strahl, wobei noch genügend weitere Strahlen bleiben, um anderen Menschen beizustehen.

Nicht nur wir Menschen sind ständig Prüfungen unterworfen, auch Engel! Sogar die Erzengel, und selbst sie entwickeln sich immer weiter. Wie viele Erzengel es gibt, ist bis heute unbekannt. Acht von ihnen werden in meinem ersten Buch „Heilende Engelsymbole“ beschrieben. Es sind dies die Erzengel Michael, Jophiel, Gabriel, Chamuel, Raphael, Uriel, Zadkiel und Metatron.

Außer Schutzengeln, Erzengeln und Helferengeln gibt es wie bereits gesagt noch viele andere Engel. Wer darüber noch mehr erfahren möchte, sollte sich mit Engelliteratur versorgen und sich in dieses umfassende Wissensgebiet vertiefen. Sie werden dabei sehr schnell spirituelle Engelbücher von kitschig-lieblichen Engelbüchern zu unterscheiden lernen!

>>Helferengel<<

Außer den Schutzengeln gibt es noch viele Helferengel. Sie stehen allen Menschen zur Verfügung, das heißt, sie sind nicht an einen einzelnen Menschen gebunden.

Für praktisch alle Lebensbereiche gibt es diese so genannten Helferengel: für Partnerschaft, Schwangerschaft, Beruf, Schule, Reisen, materielle Angelegenheiten, Krankheit, Tod und Trauer etc. Einige von ihnen werden in meinem ersten Buch vorgestellt. Es gibt

Engel für Glauben und Vertrauen, Engel für Liebe und Selbstliebe, Engel für Ruhe und Leichtigkeit usw. Meist ist es eine ganze Engelgruppe, die in Ihr Leben positiv eingreift. Es gibt zwar Milliarden von Menschen, aber es gibt noch viel, viel mehr Engel. Machen Sie sich also keine Sorgen: Sie werden nie zu kurz kommen, wenn Sie um Engelhilfe bitten!

*Meditation: Engel-Begegnung

Diese Meditation eignet sich besonders gut vorm Aufstehen oder Einschlafen.

Lege dich bequem auf dein Bett und schließe deine Augen. Sei dabei völlig entspannt. Gehe nun - in deiner Vorstellung - zur Tür hinaus. Es ist Sommer und draußen ist es angenehm warm. Schlendere an einem Garten entlang und überquere Wiesen und Felder. Höre, wie die Vögel in den Bäumen zwitschern, wie die Bienen summern, atme den Duft des Sommers ein. Ein Lufthauch bringt dir eine weiße Feder. Es ist ein Gruß von einem Engel. Dein Weg führt dich weiter zu einem kräftigen, wunderschönen alten Baum.

Stolz und mächtig steht er vor dir. Seine Zweige berühren beinahe den Boden.
Unendlich viel Kraft geht von ihm aus.
Zwischen den Wurzeln des Baumes erblickst du die helle, strahlende Gestalt eines Engels. Er hat bereits auf dich gewartet. Gehe freudig auf ihn zu und setze dich an seine Seite. Fühle, wie seine Kraft, sein Schutz, seine Liebe sofort auf dich übergehen. Vertraue ihm all deine Sorgen, deine Probleme, deine Ängste an.
Lausche in dich hinein und höre seine Antwort. Vielleicht fühlst du sie auch in deinem Herzen. Der Engel nimmt dich dabei ganz fest in seine Arme…
Bedanke dich nun bei diesem Engel. Du kannst ihn jederzeit in deiner Vorstellung wieder aufsuchen. Er verspricht dir, immer für dich da zu sein, dir zu helfen. Du brauchst ihn nur darum zu bitten.
Nun gehe deinen Weg zurück. Durchquere Wiesen und Felder, gehen am Garten entlang, und komm hierher zurück in dieses Haus, in diesen Raum, in die Gegenwart.
Recke und strecke dich ein wenig und öffne deine Augen.

Kapitel 02 – Spirituelles Basiswissen

Der Kopf ist jener Teil des Körpers, der uns am häufigsten im Weg steht.
Gabriel Laub

Es gibt viel mehr zwischen Himmel und Erde als das, was Menschen erahnen können. Die Mehrheit der Menschen reduziert ihren Glauben ausschließlich auf alles, was sie messen, fotografieren oder mit Geräten nachweisen kann. Sie betrachtet und erkennt dabei nur die Spitze eines Eisberges, die über den Wasserspiegel hinausragt. Dass der Großteil des Eisberges unter der Wasseroberfläche im Verborgenen liegt und dennoch existiert, negiert sie.

Ähnlich ist es mit der Spiritualität. Auch sie lässt sich nicht mit technischen Geräten und Computern nachweisen. Ich muss immer schmunzeln, wenn auf diversen Titelblättern seriöser (?) Zeitschriften Schlagzeilen wie etwa folgende zu lesen sind: „Wissenschaft erbringt Nachweis, dass Homöopathie unwirksam ist" oder „Wissenschaftlicher Nachweis, dass Astrologie Humbug ist". Als ob die Wissenschaft so etwas jemals nachweisen könnte! Welch anmaßende Haltung! Wie will jemand beispielsweise die Existenz von Engeln technisch-wissenschaftlich nachweisen, wenn es nicht einmal Geräte gibt, die diese Ebenen erforschen können?

Ein Mensch kann Spiritualität ausschließlich in sich selbst entdecken. Dazu braucht er zumindest eine gewisse innere Bereitschaft. Oder aber das Leben zwingt den Menschen durch eine Krise, sich auf die Suche nach dem Sinn des Lebens zu machen. Für Spiritualität gibt es keine allgemein gültige Formel, jeder darf sie individuell und immer ein wenig anders erleben. Dennoch gibt es viele übereinstimmende Informationen sowie spirituelles Wissen, das als solches von immer mehr Menschen wahrgenommen wird.

Das folgende Kapitel möchte Sie nun mit einigen spirituellen Schwerpunktthemen ein wenig vertraut machen. Es kann Ihnen helfen, Ihr derzeitiges Weltbild ein wenig zu verändern und zu erweitern. Gleichzeitig dient es zum besseren Verständnis der nachfolgenden Kapitel dieses Buches.

Die Wiederkehr der Seele

Viele Menschen stoßen sich immer noch an der Vorstellung der Wiedergeburt. Denn was in der frühen christlichen Lehre ursprünglich in der Bibel verankert war, wurde einige hundert Jahre nach Christi Geburt aus gesellschaftspolitischen Überlegungen wieder herausgestrichen. (2)

Die Lehre der Reinkarnation spricht auch vom „Rad der Wiedergeburt". Manche Menschen glauben, dass sich dieses Rad unendlich weiterdreht, da man ja ständig neue Ursachen setzt, die man irgendwann selbst an sich als Wirkung erfahren muss. Das ist aber nicht so. Man steigt aus dem Rad der Wiedergeburt aus, sobald man eine bestimmte Entwicklung oder Reife erlangt hat.

Vergleichbar wäre das mit unserem derzeitigen Schulsystem. Jeder von uns muss zumindest die Pflichtschule besuchen. Der Lehrplan ist vorgegeben, auch wenn er von Schule zu Schule ein wenig anders umgesetzt wird. Zwar sind wir als Schüler an die Rahmenbedingungen des Schulunterrichts gebunden, dennoch ist es unser freier Wille, sie zu erfüllen. Mit allen Konsequenzen. Sind wir fleißig, kommen wir schneller durch alle Schulstufen, sind wir

(2) siehe Quellennachweis: Holey, Hannes

faul und bequem oder uneinsichtig, müssen wir die eine oder andere Klasse wiederholen. Genauso ist es mit den Seelen. Sie alle haben sich vorgenommen, diese „Erdenschule" zu durchlaufen. Jede in ihrem eigenen Tempo und nach ihren Fähigkeiten. Hat sie nun alles gelernt, geht die Entwicklung in der feinstofflichen Welt weiter. Dabei sind ihr keine Grenzen gesetzt, da es in der spirituellen Welt auch keine Grenzen gibt. Sie kann aber auch - als voll entwickelte Seele - freiwillig wieder auf die Erde zurückkehren, um andere Menschen bei ihrer Entwicklung zu begleiten.

Wie ein kleines Mädchen in meinem Freundeskreis. Von ihrem Schutzengel haben wir durch ein Medium erfahren, dass ihre jetzige Inkarnation hier auf der Erde für sie persönlich nicht mehr nötig gewesen wäre. Sie ist eine hoch entwickelte Seele, die nur für ihre Eltern noch einmal gekommen ist. Das geschah freiwillig und ist ein großer Liebesdienst, der meist zwischen Eltern und Kindern, Partnern und guten Freunden geschieht. Viele dieser hoch entwickelten Seelen kommen auch deshalb freiwillig noch einmal, um die feinstoffliche spirituelle Entwicklung auf der Erde zu unterstützen.

Astrologie, die Wanderkarte für das neue Leben

Viele Seelen sind ihren geistigen Führern, den Schutzengeln und allen anderen Engeln und Geistwesen sehr nahe. Die Kommunikation zwischen ihnen erfolgt mit Hilfe von Licht- und Gedankenenergien. Aufgestiegene Seelen überblicken ihr vergangenes Leben und wissen, was sie noch nicht gelernt und erfahren haben. Um die fehlenden Erfahrungen zu machen, beschließen Seelen gemeinsam mit ihren Schutzengeln nach einiger Zeit wieder hierher auf die Erde zurückzukehren.

Dies alles erfolgt genau nach Plan. Gemeinsam mit den Schutzengeln und dem Höheren Selbst (3) entwirft die Seele die

„Wanderkarte" für das kommende Leben: Zeitpunkt, Ort und Umstände ihrer Geburt, die Eltern und somit das soziale Umfeld, alle wichtigen Begegnungen in diesem Leben, alle Partner, Freunde, Feinde, ihre Fähigkeiten, Stärken, Talente, aber genauso ihre Hürden, Stolpersteine und Blockaden. Nachlesen kann man diese Wanderkarte im Horoskop. Ja, Sie haben richtig gelesen! Ich meine nicht die unseriösen Horoskope in diversen Klatschblättern. Nein, Astrologie ist eine Jahrtausende alte Kunst, die nur so gut sein kann, wie der Astrologe, der sie entschlüsselt. Deshalb ist es wichtig, sich einen exzellenten Astrologen zu suchen, und keinen, der Astrologie mit Wahrsagerei verwechselt. Astrologie ist vergleichbar mit einem Instrument, beispielsweise mit einem Klavier. Die Qualität der Musik hängt immer von den Fähigkeiten des Menschen ab, der darauf spielt. Das, was die Seele bei ihrer Inkarnation als Lernprogramm in das kommende Leben mitbringt, wird als Karma (4) bezeichnet: Alle Lernaufgaben, die sie in früheren Leben noch nicht gelernt hat, alle zwischenmenschlichen Erfahrungen aus früheren Inkarnationen, die sie noch nicht gemacht hat - egal, ob freud- oder leidvoll - und vieles mehr. Zahlreiche Bücher wurden zu diesem Thema geschrieben. Es übersteigt den Rahmen dieses Buches, darauf näher einzugehen. Doch sollte das Wissen um Karma und Wiedergeburt ein Grundwissen für alle Menschen sein, die sich mit Spiritualität ernsthaft auseinander setzen wollen.

Abstieg zur Erde

Jahre oder aber auch Jahrzehnte nach dem Tod eines Men-

(3) Höheres Selbst: siehe Glossar
(4) Karma: siehe Glossar

schen bereitet sich seine Seele wieder auf eine Rückkehr zur Erde vor. Die Seele hat sich nun ein Elternpaar ausgewählt. Sie kann von der Geistigen Ebene aus bewirken, dass sich die als Mutter ausgewählte Frau und der zukünftige Vater scheinbar zufällig begegnen und ein Paar werden. Die Zeugung eines Kindes geschieht auf der energetischen Ebene meist Monate vor der Zeugung auf der irdischen Ebene. Das muss nicht bedeuten, dass die zukünftigen Eltern gleichzeitig ein Kind „planen". Bei jedem Zeugungsakt wird nun jene Seele angezogen, die den intensiven Wunsch hat, bei diesem Elternpaar zu leben. Diese Seele wartet auf „ihren" Augenblick und ist nicht selten an Verhütungspannen beteiligt, um inkarnieren zu können.

Der Sinn des Lebens aus spiritueller Sicht

Den Sinn des Lebens werden wir hier auf Erden mit dem eingeschränkten menschlichen Bewusstsein wohl immer nur durch stark begrenzte Wahrnehmung und durch menschliche Denkstrukturen unvollkommen und sehr stark abstrahiert erahnen und verstehen können. Es gab zu allen Zeiten Menschen, die mit einer besonderen Göttlichen Gabe ausgestattet sind, nämlich der eines Mediums. Diese sind Vermittler zwischen der Geistigen und der Irdischen Welt und empfangen mit ihren feinen „Antennen" Botschaften, für die andere Menschen keinen Zugang haben. Viele dieser so genannten Channel-Medien bekommen die Texte aus der Geistigen Welt Satz für Satz „diktiert", andere wiederum bekommen Informationsimpulse, ähnlich Morsezeichen, die sie mit ihren eigenen Worten bzw. ihrem eigenen Sprachschatz übersetzen müssen. Den Sinn des Lebens aus spiritueller Sicht zu erklären ist zu komplex, um ihn mit einfachen Worten zu beschreiben. Mit Sicherheit gibt es sogar mehrere Betrachtungsweisen, die alle ihre

Richtigkeit haben, und - aneinandergereiht - einen noch größeren, umfassenderen Eindruck davon ergeben, was den Sinn des Lebens ausmachen könnte.

Tony Stubbs ist ein Channel-Medium, das direkt aus der Geistigen Welt ein auf unser menschliches Denken zugeschnittenes Bild (5) davon bekommen hat, was hinter unserem menschlichen Erden-Dasein und den zahlreichen Inkarnationen an höherem Sinn verborgen ist. Auf Grundlage dieser gechannelten Botschaft habe ich die nachfolgende Meditation geschrieben:

*Meditation: Der Abstieg zur Erde

Mach es dir bequem und schließe deine Augen. Atme tief und ruhig ein und aus. Lass dich tiefer und tiefer gleiten - entspanne dich. Kehre dem Alltag deinen Rücken zu - vergiss für eine Weile deine Probleme und deine Sorgen - konzentriere dich nur auf dich. Im Augenblick bist du der Nabel der Welt! Du bist absolut geborgen und geschützt - lass dich einfach fallen!
Stell dir nun vor, du bist noch im Leib deiner Mutter. Hier fühlst du dich absolut wohl und geborgen. Du bist eingebettet im Sein und wirst bedingungslos geliebt. Das Fruchtwasser nährt und trägt dich, für dich ist gesorgt. Stell dir nun vor, wie sich das Fruchtwasser zu einem großen Wasserbecken ausweitet. Es ist dein

(5) Stubbs, Tony: Handbuch für den Aufstieg. Freiburg 2002

Zuhause. Im Wasser ist es angenehm warm. Du kannst darin untertauchen und dennoch frei atmen. Wenn du genau hinsiehst, bemerkst du, dass das Wasser golden funkelt. Es ist das Wasser der höchsten Quelle. Werde eins mit diesem Element. Fühle dich wie ein Wassertropfen, der ein Teil der Quelle ist. Spüre, wie du in dieser Einheit existierst. Jeder Wassertropfen hat eine sehr hohe Schwingung und erstrahlt in goldenem Licht. Gleichzeitig fühlst du dich auch wie ein Energiefunken, ein Lichtfunken, durchdrungen von unendlicher Liebe. Hier ist deine Heimat. Du bist in der göttlichen Quelle - und du bist gleichzeitig Teil der Göttlichen Quelle. In dir ist alles vereint - und dennoch möchtest du eine Erfahrung machen, die es nur außerhalb der Quelle zu machen gibt. Du möchtest die Dualität kennen lernen: Gut und Böse, Hell und Dunkel, Liebe und Angst. Die Einsamkeit, den Neid, die Begrenzung, die Bewertung und Verurteilung, die Unvollkommenheit und vieles mehr. Die Quelle ist damit einverstanden, dass du diese Erfahrungen machst - und gemeinsam mit vielen anderen Lichtfunken verlässt du mitsamt deinem Göttlichen Wissen die Quelle. Du lässt dich von einer Energiewelle aus dem Becken hinaustragen. Gleichzeitig verlierst du deine Erinnerung an die Quelle. Über einen langen, langen Zeitraum reist du als Energiefunken durch das All. Du bist androgyn, also weder männlich

noch weiblich.
Dann passierst du das Tor zur Dualität.
Dabei spaltest du dich in mehrere Teile auf:
Einige Teile von dir bleiben androgyn - sie sind dein Höheres Selbst und deine Schutzengel.
Andere Teile von dir spalten sich in männliches und weibliches Bewusstseinsfunken auf. Aus ihnen werden deine Seelengeschwister hervorgehen. Du und deine Seelengefährten tauchen ein in die dritte Dimension, ihr geht zum ersten Mal durch den Akt der physischen Zeugung, durch eine körperliche Geburt. Der Schleier des Vergessens hat sich um dich gelegt. Du verlierst deine Erinnerung daran, wer du in Wirklichkeit bist, doch du bleibst immer mit der Quelle in Verbindung. Unzählige Inkarnationen liegen vor dir, Erfahrungen in der dritten Dimension. Deine Wahrnehmung ist begrenzt auf deinen Körper, deinen Intellekt und deine Emotionen. Du wirst so lange in der Dualität bleiben, bis du alle Erfahrungen gemacht hast, die für dich wichtig sind, bis du wieder erwachst und dich daran erinnerst, wer du in Wirklichkeit bist. Dann wirst du wieder zur Quelle zurückkehren.
Komm nun ganz bewusst wieder hierher zurück in die Gegenwart, ins Tagesbewusstsein. Recke und strecke dich ein wenig. Und wenn du soweit bist, öffne wieder deine Augen.

Kapitel 03 - Die Geistigen Gesetze

Immer häufiger werden Menschen in Zeiten von Krankheit, Tod oder Trauer gezwungen, sich - vielleicht überhaupt erstmals in ihrem Leben - mit den Hintergründen und Ursachen ihrer Lebenssituation auseinanderzusetzen. Viele von ihnen gehen davon aus, dass es so etwas wie Zufälle oder Schicksalsschläge gäbe und dass sie deren Opfer seien. Doch so einfach ist es nicht, wie manche glauben! Ein vermeintlicher Zufall oder Schicksalsschlag ist immer etwas, was mit dem Menschen und seinen Handlungen und Absichten zu tun hat. Kein Mensch ist ein Spielball eines „kosmischen Herrschers", er ist kein Opfer und auch kein Pechvogel. Alles und jedes, was einem Menschen an Schwierigkeiten widerfährt, ist eine Reaktion auf sein eigenes Verhalten, auf sein Unterlassen oder auf seine pessimistische oder negative Grundeinstellung.

Es gilt in allen Lebenssituationen das Prinzip von Ursache und Wirkung (siehe auch Seite 35ff.). Auch wenn Sie es vielleicht nicht wahrhaben wollen: Alle Ereignisse Ihres Lebens werden unbewusst von Ihnen selbst geschaffen bzw. herbeigeführt. Durch die Macht und Kraft Ihrer Gedanken sind Sie Schöpfer Ihres so genannten Schicksals. Gleichzeitig kommen natürlich auch die Auswirkungen des Karmas zum Tragen. Karma wurde und wird von jedem Menschen unbewusst und - so paradox es klingen mag - nur in Übereinstimmung mit seinem freien Willen erschaffen. Zugegeben: Meist sind dem Menschen während der jeweiligen Handlungen die daraus resultierenden Auswirkungen nicht bewusst. Tatsache ist jedoch, dass jeder Mensch selber der Schöpfer seiner Lebenssituationen, Probleme und Krankheiten ist. Wenn er das einmal erkannt und akzeptiert hat, kann er aus seiner Opferrolle und dem Gefühl der Ohnmacht aussteigen, sein Leben selbst bestimmend in die

Hand nehmen und erste Schritte in Richtung Heilung oder spirituelles Wachstum machen.

Das Einser- und das Zweier-Programm

Um das Leben besser zu begreifen, muss man tatsächlich hinter dessen Kulissen blicken. Stellen Sie sich deshalb vor, Sie sitzen vor dem Fernseher. Der hat - leider, oder Gott sei Dank! - nur zwei Kanäle. Das „Einser-Programm“ und das „Zweier-Programm“. Nun sehen Sie einen Film, den das Leben schrieb - und zwar auf beiden Programmen. Im Einser-Programm liegt ein gestresster Manager eingegipst im Krankenhaus. Der Arme! Ein komplizierter Bruch verhindert, dass er in den nächsten drei Monaten seinem Job nachgehen kann. Nun schalten wir um auf das Zweier-Programm. Da sehen wir, was dieser „unglückselige“ Bruch alles an Positivem bewirkt! Durch den Zwangsurlaub ans Bett gefesselt, bemerkt unser Manager erst jetzt, dass es Frühling ist. Die Sonne scheint zum Fenster herein, die Vögel zwitschern. Wann war er das letzte Mal bei Tageslicht nach Hause gekommen? Wann war überhaupt sein letzter freier Tag? Wollte er nicht schon längst einen anderen Job suchen, der ihm mehr Zeit für seine Familie ließe?

Und noch eine Geschichte: Im Einser-Programm wird ein Mann von seiner Frau verlassen. Der Arme! So ein fescher Kerl, und so gescheit, und so tüchtig, und so liebenswert. Jetzt muss er sich die Hemden selbst waschen, das Essen selbst kochen, die Wohnung selbst putzen... Er ist ja wirklich zu bedauern! Im Zweier-Programm sieht die Geschichte ein wenig anders aus: Seine Frau war sehr ordnungsliebend, gewissermaßen die „Fortsetzung“ seiner Mutter, die stets um ihn besorgt war, die sehr gut kochen, putzen, waschen und stricken konnte. Die aber doch mehr (unerfüllte) Ansprüche an das Leben stellte. Durch die Trennung hat der Mann die Chance erhalten, sein Leben selbst in die Hand zu nehmen, selbstständig zu werden, Eigenverantwortung zu tragen, Entscheidungen zu treffen, über den Sinn des Lebens nachzudenken, Yoga zu betreiben, sich mit den wirklich wichtigen Dingen des Lebens zu beschäftigen und so weiter. Sie merken schon, worauf ich hinaus will: Jedes Ding, auch Ihr Leben, hat zwei Seiten. Und wir Menschen leben tatsächlich in zwei parallel laufenden Programmen. Im Einser-Programm und im Zweier-Programm. Das Einser-Programm stellt die sichtbare, reale, wissenschaftliche, erkennbare Seite des Lebens dar. Das Zweier-Programm hingegen zeigt die tieferen Zusammenhänge, die Hintergründe, die Lernprogramme, die karmischen Verstrickungen.

Probleme gibt es ausschließlich im Einser-Programm! Im Zweier-Programm gibt es keine Probleme, sondern Themen, die ehrlich anzuschauen sind. Sowie die Erklärungen zu den vermeintlichen Problemen. Im Zweier-Programm gibt es keine Zufälle, keine Schuld, keine Be- und Verurteilungen, kein böses Schicksal. Es gibt nur die Erklärungen für das, was im Einser-Programm verursacht, ausgelöst und somit auch im Außen erlebt wurde oder wird.

Wann immer Sie ein Problem haben, versuchen Sie doch einmal, das Programm zu wechseln. Schalten Sie vom Einser- ins Zweier-Programm. Sie bleiben im selben Film, im selben Theaterstück, aber Sie wechseln die Seite. Jedes Theaterstück sieht backstage ganz anders aus als von vorn, vor der Bühne. Anders ausgedrückt: Wechseln Sie die Blickrichtung. Gehen Sie von der Froschperspektive hinauf in die Vogelperspektive. Von oben haben Sie den besseren Überblick über die Zusammenhänge in Ihrem Leben. Oder möchten Sie gar den Blickwinkel eines Grasfrosches beibehalten?

Die Kosmischen / Geistigen Gesetze

Das, was wir als Zweier-Programm bezeichnen, erkannten bereits vor Jahrtausenden die Philosophen als Kosmische Gesetze. Diese universalen Gesetze sind nichts anderes als Erklärungen für das Einser-Programm im Zweier-Programm und haben bis heute nichts an Gültigkeit verloren!

>>Resonanzgesetz (Resonanz = Schwingung)<<

„Gleich und gleich gesellt sich gern", sagt ein gutes, altes Sprichwort. Womit wir schon beim Resonanzgesetz wären. Stellen Sie sich zwei Klaviere vor, die in einem Raum stehen. Schlagen Sie auf einem Instrument einen bestimmten Ton an, geht im Inneren des anderen Klaviers die dazu entsprechende Saite in Resonanz und beginnt ebenfalls zu schwingen.

Ein anderes Beispiel: Sie kommen gut gelaunt ins Büro, aber dort herrscht miese Stimmung. Der unbeliebte Chef ist drei Tage zu früh von seiner Geschäftsreise zurückgekommen, der Kaffee ist aus und Überstunden sind angesagt. Was glauben Sie, wie Sie reagieren? Sie sollten sehr ausgeglichen sein und in sich ruhen, um nicht mit dieser schlechten Stimmung in Resonanz zu gehen.

Die Moral von der Geschichte: Wenn Sie Positives ausstrahlen, werden die Menschen positiv auf Sie zugehen. Wenn Sie Angst vor Krankheit haben, werden Sie eher krank werden. Wenn Sie Angst haben, überfallen und ausgeraubt zu werden, ist die Wahrscheinlichkeit viel größer, dass Sie Negatives anziehen. Seien Sie sich dessen also bewusst: Sie alleine sind für den Verlauf Ihres Leben verantwortlich, nur Sie können es steuern. Nutzen Sie das Resonanzgesetz im positiven Sinn, am besten jeden Tag aufs Neue!

>>Polaritätsgesetz (Polarität = Ergänzender Gegensatz)<<

Alles, was existiert, hat zwei Pole. In Wirklichkeit ist es aber ein Ganzes. Eine einfache Aussage, über die es sich nachzudenken lohnt!

Erinnern Sie sich noch an Ihren Physik-Unterricht? Da gab es ein magnetisches Hufeisen, das an jedem Ende anders gepolt war: Plus und Minus. Und doch war es ein Hufeisen. Kurt Tepperwein schreibt in seinem Buch „Die Geistigen Gesetze" (6): „Jede Erscheinung auf dieser Welt hat zwei Seiten. Der zwischen diesen beiden Seiten liegende Bereich ist eins." Und weiter: „Alle scheinbaren Gegensätze sind ihrem Wesen nach identisch, nur verschieden im Grad ihres Ausdrucks. Liebe und Hass, Hell und Dunkel, Glück und Unglück sind die beiden Pole der gleichen Sache."

Das Polaritätsgesetz kann uns Mut machen, einfach den Standpunkt zu wechseln, um Negatives in Positives zu verwandeln. Es gibt wohl kein Unglück, das nicht zumindest einen Funken Glück enthält. Auch wenn wir das erst später erkennen.

>>Rhythmusgesetz<<

Alles im Leben hat seinen individuellen Rhythmus. Alles hat seine „Zeiten": Tag und Nacht, Sommer und Winter. Kulturen kommen und vergehen wie Ebbe und Flut. Auch jeder Mensch trägt seinen individuellen Rhythmus in sich und sollte ihn als solchen erkennen. Mehr noch: Er sollte nicht dagegen ankämpfen. Ein Morgenmensch wird niemals zu einem Abendmenschen werden, ein Gefühlsmensch schwer zu einem Verstandesmenschen und umgekehrt.

(6) Tepperwein, Kurt: Die Geistigen Gesetze. München 1992.

Jedes Extrem, jede extreme Strömung, sei es in der Politik, in der Wirtschaft, in der Mode, in der Musik, wird eines Tages von einer Gegenströmung abgelöst und pendelt sich schließlich in der Mitte ein. Deshalb spricht man wohl auch vom Goldenen Mittelweg.

Am deutlichsten zeigt sich das Gesetz des Rhythmus in Geburt und Tod und Wiedergeburt. Es bestätigt dem Menschen seine ewige Existenz. Gäbe es die Wiedergeburt nicht, müsste man die Gültigkeit des Rhythmusgesetzes in Frage stellen. Und umgekehrt: Zweifelt man die Tatsache der Wiedergeburt an, bliebe dies der einzige Bereich unseres Seins, der dem Rhythmusgesetz nicht unterliegt. Fänden Sie das logisch?

>>Kausalitätsgesetz (Kausalität = Ursache und Wirkung)<<

„So ein Zufall" oder: „Dieses glückliche Ereignis ist dem Zufall zu verdanken!" Wie oft haben wir dies schon gehört. Doch: Es gibt keinen Zufall. Ein Zu-Fall ist höchstens das, was einem scheinbar zufällt, weil man die Hintergründe und verborgenen Ursachen im Zweier-Programm nicht erkennt. Zufall und Glück sind nur Bezeichnungen für nicht erkannte Zusammenhänge.

Alles Geschehen auf dieser Welt gehorcht dem Kausalitätsgesetz, dem Gesetz von Ursache und Wirkung. Wo keine Ursache, kein Auslöser, da keine Wirkung. Glauben Sie wirklich, der Kosmos, das Universum, die Geistige Welt würde Zufälle zulassen? Haben Sie schon einmal darüber nachgedacht, was es bedeuten würde, wäre das Universum auf dem Zufalls-Prinzip aufgebaut, oder besser gesagt, so genannte Zufälle - und wären sie noch so winzig - zuließe. Es gibt immer einen Zusammenhang zwischen dem, was war und dem, was folgt. Wie heißt es doch so schön im Volksmund: „Von nichts kommt nichts!"

Auch das Prinzip des Positiven Denkens fällt unter das Kausalitätsgesetz. Zahlreiche Bücher sind zu diesem Thema geschrieben worden. Für viele Menschen ist die Auseinandersetzung mit dem Positiven Denken und Visualisieren der Einstieg in eine für sie neue, ganzheitliche Denkweise. Dale Carnegie, Manfred Tuppinger und Kurt Tepperwein sind nur einige der Persönlichkeiten, die in den letzten Jahrzehnten einer breiten Leserschaft die Kraft des Positiven Denkens nahe gebracht haben.

Bernard Jakoby schreibt beispielsweise in seinem Buch „Keine Seele geht verloren“ (7): „In unserer materiellen Wirklichkeit erschaffen wir durch unsere Gedanken unser Schicksal. Wir sind die Summe der Gedanken, Worte und Handlungen unseres Lebens. Da sich aber auf der Erde durch die Raum- und Zeitdimension kein Ereignis sofort realisiert, gibt es hier Verzögerungen. Nicht zuletzt sind dabei auch unsere Ängste und Zweifel im Spiel, da diese unseren Willen verwässern. Wir sind bei unseren Entscheidungen oft nicht eindeutig...“

Je klarer wir eine Sache wollen, desto eher kann sie sich manifestieren. Dieses Prinzip betrifft ebenfalls unsere unbewussten Bedürfnisse und negativen Gedanken. Insofern ist niemand einfach zufällig an einem Ort, an dem ein Unglück geschieht. Das bisherige Leben eines Opfers bei einem Busunglück hat den Betroffenen zu einem bestimmten Zeitpunkt an diesen Ort geführt, wo er kollektiv mit anderen zusammen sein Leben beendet. Das Verblüffende bei allen großen Katastrophen ist die Tatsache, dass manche Menschen schicksalsmäßig verhindert werden, einen bestimmten Zug oder Flug zu erreichen. Lesen Sie mehr zu diesem Thema im Kapitel

(7) Jakoby, Bernard: Keine Seele geht verloren.
(c) 2003 by LangenMüller Verlag, München. Mit freundlicher Genehmigung der F.A. Herbig Verlagsbuchhandlung Gmbh, München

„Hintergründe und Ursachen von Katastrophen und Massenschicksalen" ab Seite 86.

>>Spiegelgesetz oder Analogiegesetz (Analogie = Entsprechung)<<

„Wie oben - so unten, wie innen - so außen, wie im Mikrokosmos - so im Makrokosmos." Diese These war bereits im Altertum in der griechischen Philosophie weit verbreitet. Sie hat bis heute nichts an Gültigkeit verloren.

Das, was Sie im Außen erleben, egal ob im Positiven oder im Negativen, ist der Spiegel für Ihr eigenes Inneres. Das heißt, alle Menschen und Lebenssituationen spiegeln Ihnen Ihre eigenen Muster! Alte, unbewusste Muster, die Sie seit der Kindheit mit sich herumschleppen.

Chuck Spezzano beschreibt in seinem Buch „Von ganzem Herzen lieben" (8) das Spiegelgesetz sehr anschaulich. „Stellen Sie sich vor, die ganze Welt wäre ein Spiegel, der das reflektiert, was in uns ist. Was wir in der Welt tun, tun wir für uns selbst... Wenn wir anfangen, unser eigenes Leben zu verändern, werden wir auch bewusster und fühlen uns stärker verantwortlich. Unsere Beziehungen spiegeln unseren Geist wider. Wir können natürlich den Spiegel auswechseln, aber wenn wir wirklich etwas verändern wollen, müssen wir das Bild im Spiegel verändern. Wir können andere Menschen nicht gewaltsam ändern, aber indem wir uns selbst heilen und verändern, werden sich auch die anderen ändern - selbst wenn das nur in unserer Wahrnehmung geschieht."

(8) Spezzano, Chuck: Von ganzem Herzen lieben. Verlag Ludwig. München 2001, Seite 378 ff.

>>Sog-Prinzip<<

Druck erzeugt Gegendruck. (Schon wieder sind wir in der Physik gelandet.) Wenn Sie etwas erzwingen wollen, auf jemanden Druck ausüben, dann wird sich der erwünschte Erfolg in Misserfolg umwandeln. Ihr Gegenüber wird in Gegenwehr, Abwehr, Notwehr gehen. „Loslassen" ist das Zauberwort unserer Zeit. Viele von Ihnen können es schon gar nicht mehr hören. Aber halt! Es ist tatsächlich das Loslassen, das uns weiterhilft. Das Sog-Prinzip hängt eng mit dem Resonanz-Gesetz zusammen. Wenn Sie mit jemandem oder etwas in negativer Resonanz stehen (Druckprinzip), werden Sie etwas verlieren. Stehen Sie hingegen in positiver Resonanz (Sog-Prinzip), werden Sie es anziehen und gewinnen.

Ein Beispiel: Ein Verehrer läuft seiner Angebeteten hinterher, überhäuft sie mit Blumen und Geschenken, bedrängt sie, sie möge doch ihre gesamte freie Zeit mit ihm verbringen. So unter Druck gesetzt, hat die Frau keine Luft zum Atmen, bricht aus der Beziehung aus - oder bricht die Beziehung überhaupt ab. Würde sich der Verehrer zurücknehmen, seiner Angebeteten mehr Freiraum zugestehen, würde sie sich zu ihm hingezogen fühlen, frei von Druck, aus ihren eigenen Bedürfnissen heraus.

Je mehr Sie etwas erzwingen möchten, desto eher ist die Erfüllung dieses Wunsches zum Scheitern verurteilt. Je mehr Sie vor etwas davonlaufen, desto eher holt es Sie ein. Im Positiven wie im Negativen.

Die Verknüpfung von Einser- und Zweier-Programm

Menschen, die sich noch nie mit der Geistigen Welt auseinander gesetzt haben, leben mit ihrem Bewusstsein noch ausschließlich im so genannten Einser-Programm, in der Welt der Materie, der Wissenschaft, der Logik, etc. Für sie existiert die Geistige Welt nicht. Andere wiederum, die sich bereits auf die spirituelle Welt eingelassen haben, wissen anfangs oft nicht, wie sie mit beiden Welten umgehen sollen oder welchen Stellenwert sie der jeweiligen Welt beimessen sollen.

Geistige Gesetze können Hilfestellungen im Erkennen menschlicher Probleme, Blockaden und Verhaltensmuster sein. Aber Sie sollten diese nicht überbewerten. Es gibt leider immer wieder Menschen, die jede Handlung, jedes Ereignis und jede Krankheit sofort und ausschließlich über die Geistigen Gesetze interpretieren und andere ständig darüber belehren. Das kann für diese sehr lästig werden und Aggressionen auslösen oder eine massive Abwehrhaltung hervorrufen. Damit kann die erwünschte Wirkung - nämlich ein besserer Zugang zur Spiritualität - genau ins Gegenteil umschlagen. Diese Abwehrhaltung ist beispielsweise auch besonders häufig in der ersten Trauerphase zu bemerken. Selbst hochspirituelle Menschen haben Mühe, in ihrem Schmerz mit den Geistigen Gesetzen getröstet oder belehrt zu werden.

Man kann leider auch immer wieder beobachten, dass manche Menschen beim Entdecken ihrer Spiritualität derart „abheben", dass sie sich in der Realität und im Alltag nicht mehr zurecht finden. Manche meinen sogar, besser zu sein als andere, weil sie sich über das Einser-Programm hinaus entwickelt haben. In Wirklichkeit haben sie vielfach Angst vor der irdischen Welt und projizieren alles ausschließlich auf die Geistige Ebene. Dass das auf andere Menschen bedenklich oder abschreckend wirkt, und diese dann Spiritualität und Abgehobenheit in einen Topf werfen, braucht eigentlich nicht zu verwundern.

Kapitel 04 - Der feinstoffliche Körper des Menschen

Im Universum existiert der Grundsatz, dass keine Energie verloren gehen kann. Bestes Beispiel hierfür ist die Aura. Wir können sie mit einer riesigen Datenbank vergleichen, in der alle Erfahrungen und Emotionen, egal ob positiv oder negativ, gespeichert werden. Selbst wenn unser Erinnerungsvermögen nicht mehr funktioniert - im Zellgedächtnis unseres Körpers und in der Aura ist alles enthalten, sogar Erfahrungen, die weit in frühere Leben zurückreichen. (9)

Im folgenden Kapitel geht es um den feinstofflichen menschlichen Körper. Diese Basisinformationen dienen dazu, das Zusammenwirken von Körper, Geist und Seele mit Hilfe einer ganzheitlichen Betrachtungsweise besser zu verstehen.

Ungeachtet zahlreicher Wissenschafter und Mediziner, die dieses Wissen belächeln und ins Reich der Fantasie verweisen, machen Ganzheitsmediziner, Heilpraktiker, Energetiker und hochsensible Menschen immer wieder die Erfahrung, dass es neben einem physischen Körper auch einen feinstofflichen gibt. Aurasichtige Menschen können diesen sogar sehen. Mit Hilfe der Kirlian-Foto-

(9) Auer, Ingrid: Heilen mit Engel-Therapie-Symbolen. Güllesheim 2002

grafie (10) kann man Teile des feinstofflichen menschlichen Körpers auch sichtbar machen und fotografieren. Alternative Heil- und Behandlungsmethoden wie Akupunktur, Akupressur, Meridianmassage, TCM (= Traditionelle Chinesische Medizin), Homöopathie oder Holopathie setzen mit ihrer Behandlung im feinstofflichen Körper an. Diese Methoden, die ihren Ursprung in der östlichen Kultur haben, finden auch in der westlichen Welt immer mehr an Verbreitung. Die Behandlungsformen, die überwiegend im feinstofflichen Körper ansetzen, erzielen selbst dann noch sehr gute Erfolge, wenn der Mensch nach schulmedizinischem „Einser-Programm-Wissen" längst austherapiert ist. Diese Erfolge stellen für viele Menschen einen nicht zu leugnenden Nachweis der Existenz eines mit menschlichem Auge nicht sichtbaren Energiekörpers dar.

In den Achtziger Jahren waren es Dr. Ruediger Dahlke (11) und Louise L. Hay (12), die in ihren bahnbrechenden Büchern über die Zusammenhänge zwischen seelischen Problemen und körperlichen Symptomen schrieben. Über jene Symptome, die sich erst dann auf der körperlichen Ebene zeigen, nachdem sie bereits über Jahre oder gar Jahrzehnte im feinstofflichen Körper als Energieblockaden abgespeichert waren. Über den feinstofflichen Körper und die Chakren gibt es viel zu lesen, aber nicht alle Angaben stimmen überein. Vielleicht liegt es daran, dass Menschen, die den feinstofflichen Körper sehen oder auf eine andere Art wahrnehmen, diesen mit ihren eigenen, individuell begrenzten Wahrnehmungsmöglichkeiten erfassen und beschreiben. Die nachfolgenden Ausführungen basieren auf Büchern von Barbara Ann Brennan (13), die nach meinen Erfahrungen sehr gut nachzuvollziehen sind.

(10) Kirlian-Fotografie: siehe Glossar
(11) - (13) Buchempfehlungen: siehe Quellennachweis

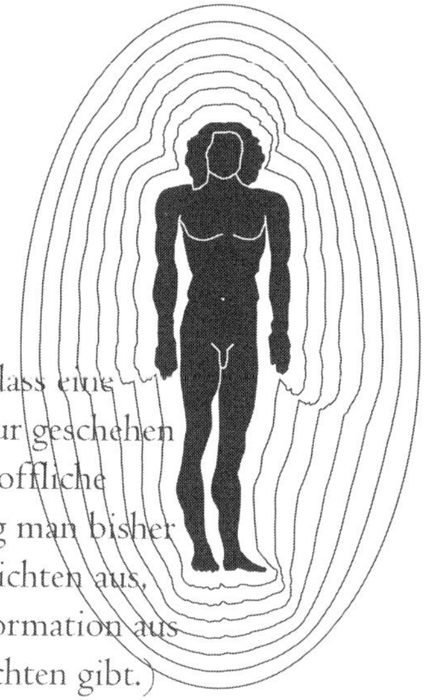

Die sieben feinstofflichen Körperschichten (Auraschichten)

In der Alternativmedizin geht man davon aus, dass eine dauerhafte Heilung oder Linderung von Krankheiten nur geschehen kann, wenn bei einer Behandlung auch immer der feinstoffliche Körper eines Menschen miteinbezogen wird. Dabei ging man bisher von sieben bis acht feinstofflichen Hüllen oder Auraschichten aus, die den Körper eines Menschen umschließen. (Eine Information aus der Engelwelt besagt jedoch, dass es an die 20 Auraschichten gibt.)

Sind die feinstofflichen Körperschichten stark entwickelt und gesund, kann der Mensch ein ausgeglichenes, erfülltes und gesundes Leben führen. Ist die Aura in einem Bereich aber schwach oder verletzt, dann kann dies in weiterer Folge zu seelischen oder körperlichen Schwierigkeiten führen.

Krankheiten zeichnen sich immer zuerst in der Aura ab, bevor sie am grobstofflichen Körper des Menschen sichtbar werden. Deshalb ist es ratsam, nicht nur den physischen Körper, sondern auch den feinstofflichen Körper von Zeit zu Zeit zu reinigen, aufzuladen und zu schützen.

>>Erster Körper - Ätherkörper<<

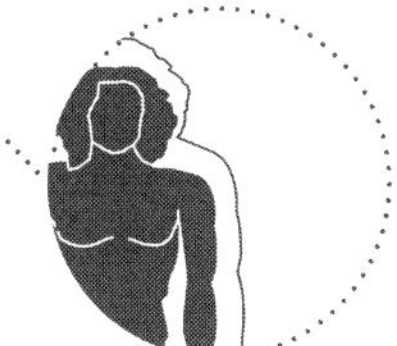

Der Ätherkörper („Äther" = Zustand zwischen Materie und Energie) ist das genaue Abbild des physischen Körpers. Er besteht aus feinen Energielinien und pulsiert etwa fünfzehn- bis zwanzigmal pro Minute. Auf dieser Ebene nimmt man alle physischen Empfindungen wahr, sowohl die schmerzhaften, als auch die angenehmen. Und auch die sogenannten „Phantomschmerzen". Man könnte den Ätherkörper auch als glitzerndes Lichtnetz beschreiben, das den physischen Körper im Abstand von zirka einem bis etwa fünf

Zentimetern überzieht. Auf diesem Lichtnetz bewegen sich blauweiße Lichtpunkte. Die Chakren erscheinen in diesem Körper in den Farben grau bis blau.

Ruhige, sensible Menschen haben eher einen feinen, dünnen, wasserblauen, starke und robuste Menschen einen dicken, rauen, graublauen Ätherkörper. Sportler und Tänzer haben eine sehr hoch entwickelte Ätherschicht, mit mehr Energielinien, die dicker, elastischer und stärker aufgeladen sind als bei Durchschnittsmenschen. Die Chakren des Ätherkörpers erscheinen in den gleichen Farben, also blau bis grau. Aurasichtige Menschen können selbst die Organe des physischen Körpers in diesem schillernd-bläulichen Licht wahrnehmen.

Ist der erste Körper stark und aufgeladen, genießt man die mit diesem Körper verbundenen Empfindungen, wie Aktivität, körperlichen Kontakt, Sexualität oder Vitalität. Auch die Sinnesfreuden wie Riechen, Schmecken, Tasten, Hören und Sehen stehen mit dem Ätherkörper in Verbindung. Ist der Ätherkörper schwach, fühlt man sich insgesamt schwach und lustlos; jegliche körperliche Aktivität, Sexualität oder sogar die Nahrungsaufnahme können dann zur Qual werden.

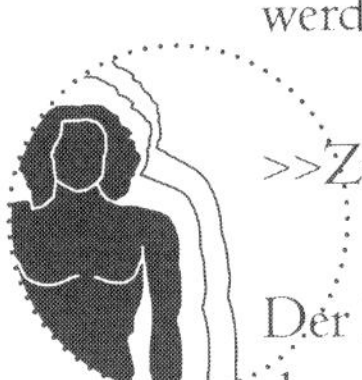

>>Zweiter Körper - Emotionalkörper<<

Der Emotionalkörper durchdringt sowohl den physischen als auch den Ätherkörper, letzterem folgt er im Umriss und reicht etwa drei bis acht Zentimeter darüber hinaus. Seine Struktur ist bereits viel flüssiger als die des ätherischen Körpers. Aurasichtige sehen ihn als farbige Wolken, die ständig in Bewegung sind. In diesem Körper erscheinen die Chakren in den Farben der klassischen Farbzuordnung:

- Wurzelchakra - rot
- Sexualchakra - orange
- Solarplexus - gelb
- Herzchakra - grün-rosa
- Kehlchakra - hellblau
- Stirnchakra - indigoblau
- Scheitelchakra - weiß.

Je positivere und klarere Gefühle, wie Freude, Liebe oder Fröhlichkeit, gelebt werden, desto klarer und heller erstrahlt der Emotionalkörper in den jeweiligen Regenbogenfarben. Helle, farbige Energiewolken weisen auf ein positives Selbstwertgefühl, dunkle, schmutzige auf ein negatives hin.

Gefühle wie Angst oder Ärger zeigen sich in trüben, schmutzigen Farben. Werden Gefühle unterdrückt, wird auch der Energiefluss im Emotionalkörper unterbrochen, und es entstehen dunkle, schmutzige Energiefelder. Auch in den benachbarten Auraschichten kann das zu einer energetischen Stagnation führen.

Ist der zweite Körper stark und aufgeladen, liebt und achtet man sich selbst, fühlt sich wohl, hat ein intensives Gefühlsleben und ein gutes Selbstwertgefühl. Ist der Ätherkörper hingegen schwach und zu wenig aufgeladen, ist der Mensch zu keinen intensiven Gefühlen fähig oder hat diese verdrängt. Ist der Ätherkörper stark aufgeladen, aber von dunklen und stagnierenden Energiefeldern gefüllt, dann verurteilt man sich möglicherweise selbst und ist deprimiert, weil man sich selbst nicht so annehmen kann, wie man ist.

>>Dritter Körper - Mentalkörper<<

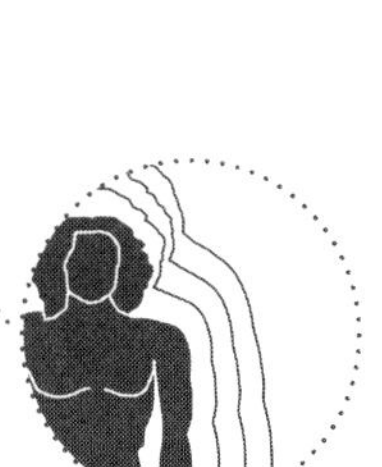

Der mentale Körper schließt am Emotionalkörper an und durchdringt gleichzeitig alle darunter liegenden Schichten. Seine Strukturlinien sind fein und zeigen sich in der Form eines ganz dünnen Schleiers, der in einem hellgelben, zitronenfarbenen Licht erscheint. Auch die Chakren erscheinen in diesem Körper in Zitronengelb. Das Licht strömt von Kopf und Schultern aus, umfließt den ganzen Körper und pulsiert in einer hohen Frequenz. Normalerweise erstreckt sich der Mentalkörper über acht bis zwanzig Zentimeter über den physischen Körper hinaus.

Der Mentalkörper steht mit der Gedankenwelt in Beziehung und verändert sich mit ihr. Befindet sich ein Mensch in tiefer Konzentration, wird das Gelb des Mentalkörpers heller und heller und dehnt sich aus. Je klarer und präziser ein Gedanke ist, desto klarer ist auch die Form des Mentalkörpers. Man kann diesen Gedankenformen Energie zuführen, indem man sich immer wieder auf bestimmte Gedanken konzentriert. Dabei kann man seinen Energiekörper enorm beeinflussen, und zwar in beiden Richtungen: Positive Gedanken stärken und negative schwächen ihn.

Wenn der Mentalkörper gesund und in Balance ist, können Intuition und Rationalität gut kooperieren, und man erlebt Klarheit und Ausgeglichenheit. Die Freude am Lernen ist vorhanden. Ist der Mentalkörper schwach und schlecht aufgeladen, besteht meist kein Interesse am Lernen oder sonstigen intellektuellen Betätigungen. Sind die ersten drei Energiekörper im Gleichgewicht, fühlt man sich sicher und lebt in Übereinstimmung mit der Umwelt und der eigenen persönlichen Kraft. Sind der Ätherkörper und der Emotionalkörper schwach, der Mentalkörper jedoch stark, lebt man zu sehr im Intellekt, wird kopflastig und beschränkt seine Lebenserfahrungen auf die Verstandesebene.

Negative Gedanken verlangsamen, verdunkeln und verzerren den Mentalkörper. Sie können sich manifestieren und sind dann als Energieform schwer zu verändern. Wenn man Gefühle nicht fließen lässt, entsteht im Mentalkörper ein belastender Energiestau.

Ein ehrliches Gespräch oder eine ehrliche Innenschau könnte dieses Problem lösen.

>>Vierter Körper - Astralkörper<<

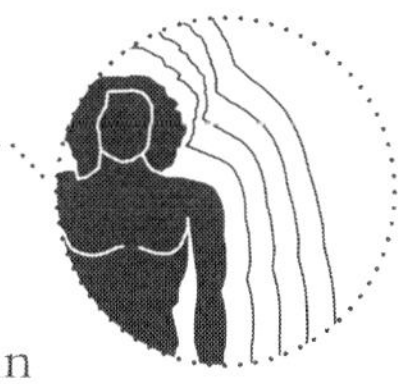

Der vierte Körper ist amorph und leuchtet in den Farben des Regenbogens, durchtränkt von der Farbe Rosa. Aurasichtige sehen ihn als bunte Flüssigkeiten, die sich etwa fünfzehn bis dreißig Zentimeter nach außen erstrecken.

Ist ein Mensch von Liebe erfüllt, ist auch das Herzchakra im Astralkörperbereich mit Rosa angefüllt. Sind zwei Menschen in Liebe miteinander verbunden, spannt sich ein Bogen von rosafarbenem Licht zwischen ihren Herzchakren. Die Bezeichnung „Liebesband" ist daher wörtlich zu nehmen. Aurasichtige sehen diese „Bänder von Herz zu Herz" sehr gut. Je tiefer die Beziehung ist, desto mehr Bänder entstehen und desto stärker werden sie. Trennungsschmerzen entstehen durch das Zerreißen dieser Bänder. Auch emotionale Abhängigkeiten können durch diese Bänder entstehen.

Das Hauptthema des Astralkörpers ist die Liebe zu allen Wesen. Schwingt der Astralkörper zu niedrig, ist der Energiefluss vergleichbar mit einem zähflüssigen Schleim, der Unwohlsein, Schmerzen, ein Gefühl von Schwere oder Erschöpfung hervorrufen und schließlich zu Krankheiten führen kann. Auf der zwischenmenschlichen Ebene kann ein schwacher Astralkörper zur Isolation führen. Hat ein Mensch einen schwachen Astralkörper, fühlt er sich zu anderen nicht hingezogen, meidet Beziehungen oder erlebt häufig Konflikte. Ist sein Astralkörper jedoch stark, gesund und aufgeladen, hat er starke und gute Beziehungen, liebt den Umgang mit Menschen, egal, ob in der Familie, im Beruf oder im Freundeskreis. Die Liebe ist ein wichtiger Bestandteil seines Daseins.

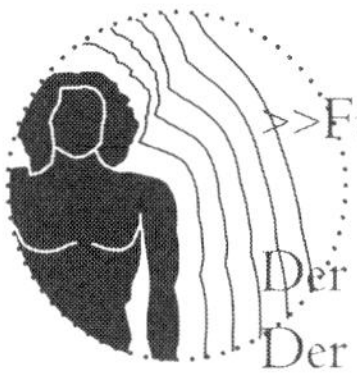

>>Fünfter Körper - Ätherische Blaupause<<

Der fünfte Körper ist der „Ätherkörper auf der geistigen Ebene". Der erste Körper - Ätherkörper - ist mit dem fünften Körper eng verbunden und entwickelt sich in diesen hinein. Ist der Ätherkörper durch Krankheit verzerrt, ist es notwendig, an der Ätherischen Blaupause zu arbeiten.

Die Ätherische Blaupause erstreckt sich ca. siebzig Zentimeter nach außen, sieht aus wie ein schmales Oval und enthält die Struktur des gesamten Aurafeldes, der Chakren, Organe, Körperformen, und zwar in „negativer Form". Aurasichtige, die diese Ebene wahrnehmen können, sprechen von einem kobaltblauen Licht, das wie ein leerer Raum aussieht und aus durchsichtigen Energielinien besteht, die den feinstofflichen Körper zeichnen. Daher der Name Blaupause. Selbst die Chakren erscheinen als transparente Linien auf kobaltblauem Hintergrund.

Im fünften Körper ist der persönliche Lebensplan, den jeder Mensch in Übereinstimmung mit dem Göttlichen Willen, seinem Höheren Selbst, in das Leben mitgebracht hat, abgespeichert. Ob er danach lebt, ist sein freier Wille. Je mehr er aber - bewusst oder unbewusst - von seinem inneren Plan abweicht, desto stärker kann er in innere und äußere Spannungsfelder kommen, die manchmal durch Krankheit oder Unfälle sichtbar werden. Lebt er seinen persönlichen Göttlichen Plan, ist er in seiner Kraft und Stärke und genießt Weisheit und Lebensfreude. Er nutzt sein angelegtes Potential und fühlt sich mit allem verbunden, das ihn umgibt.

Ist sein fünftes Energiefeld stark, spürt er eine starke Führung in sich, folgt dieser und kann seine Visionen in die Tat umsetzen. Ist seine Negative Blaupause schwach, lebt er nicht in Übereinstimmung mit der Göttlichen Ordnung. Sein Leben passt nicht ins große Universale Muster, er fühlt sich auch nicht mit seiner Umgebung verbunden und ist ständig auf der Suche nach einem tieferen Lebenssinn. Unzufriedenheit und Frust machen sich breit. Selbst die Idee, dass es einen Lebensplan geben könnte, ist ihm völlig fremd. Andere Menschen, vor allem jene, die nach ihrem inneren Lebensplan leben, werden verurteilt oder verachtet. Zusammenhänge zwischen grobstofflicher und feinstofflicher Welt, zwischen sichtbarer und unsichtbarer Ebene werden von diesem Menschen weder verstanden noch akzeptiert. Er lebt völlig in der materiellen Ebene und leugnet alles, was er nicht sehen oder begreifen kann.

>>Sechster Körper - Himmlischer Körper<<

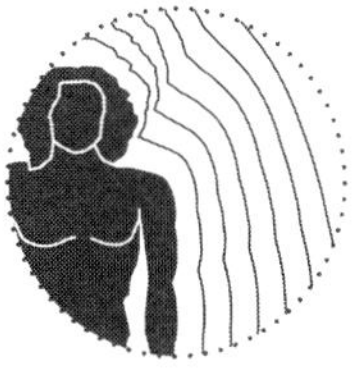

Der sechste Körper ist der „Emotionalkörper auf der Geistigen Ebene“. Es ist jener Körper, durch den menschliche Wesen geistige Erfahrungen, „geistige Ekstasen“ erleben können und spüren, dass sie mit dem gesamten Universum verbunden sind. Dieser Zustand kann durch Meditationen oder andere Transformationsmethoden immer wieder erfahren werden.

Der Himmlische Körper erstreckt sich etwa sechzig bis achtzig Zentimeter nach außen und enthält alle Regenbogenfarben in wunderschönen irisierenden Pastellfarben. Darüber liegt ein gold-silberner Schein, ähnlich wie Perlmutt-Glanz. Die Form des sechsten Energiekörpers ist nicht strukturiert, hat eine sehr hohe Energiefrequenz und erscheint als Lichtstrahlung, die vom Körper ausgeht. Die Chakren erscheinen in diesem Körper ebenfalls in irisierenden Pastellfarben mit silbrigem Perlmuttglanz.

Ist der sechste Energiekörper stark und gesund, strahlt die Energie in hellen, vollen, geraden Lichtstrahlen vom Körper aus. Je heller und strahlender dieser Himmlische Körper ist, desto mehr wird die damit verbundene geistige Ebene bewusst. Es erfüllt den Menschen mit tiefer, heilender Ruhe, mit spiritueller Liebe, Freude und Glückseligkeit. Er fühlt sich mit allen Wesen der Geistigen Welt verbunden, mit den Engeln, Erzengeln und Geistigen Führern, aber auch mit der Erde, den Menschen und allen anderen Geschöpfen der Natur.

Ist der sechste Körper schwach und energielos, wird es einem Menschen nicht gelingen, inspirierende oder spirituelle Erfahrungen zu machen. Es mangelt ihm schon an der Vorstellungskraft, wenn andere Menschen davon sprechen, oder sie über spirituelle Themen lesen. Nur das, was sie sehen, messen, anfassen oder begreifen können, bestimmt ihre Welt. Alles andere verweisen sie ins Reich der Fantasie.

Andererseits: Wer nur „hochgeistig" leben will, wird abgehoben und damit weltfremd. Der Mensch hat dann noch nicht gelernt, dass die physische Welt inmitten der spirituellen Welt existiert und nicht außerhalb. Manche Menschen meinen sogar, besser als andere zu sein, weil sie in dieser geistigen Enklave leben. In Wirklichkeit haben sie Angst vor der irdischen Welt und projizieren alles ausschließlich ins Geistige.

>>Siebenter Körper - Kausalkörper<<

Der siebente Körper ist der „Mentalkörper auf der geistigen Ebene" und erstreckt sich etwa siebzig bis hundert Zentimeter nach außen und hat die Form eines Ei. Dieses enthält Licht, das aus Abertausenden goldenen Fäden besteht, welche sehr schnell pulsieren. Das „Aura-Ei" steht auf der Spitze, seine Schale hat eine Dicke von etwa einem Zentimeter, ist sehr elastisch und widerstandsfähig. Die Aufgabe des Kausalkörpers ist die Regulierung des Energieflusses zwischen Aura und dem umgebenden Raum, sowie Schutz und Hülle für alle feinstofflichen Körper. Die Chakren erscheinen auf dieser Ebene ebenfalls in goldenem Licht.

Der Kausalkörper steht direkt mit der Geistigen Ebene in Verbindung. Ebenso sind hier auch die „Spuren" vergangener Leben abgespeichert, sie laufen wie bunte Lichtbänder über die „Ei-Schale". Die goldenen Lichtfäden durchwirken und verbinden alles: Die Zellen eines Körperteils, eines Organs, den ganzen Körper, eine Menschengruppe oder die gesamte Welt.

Der siebente Körper ist die Ebene der Göttlichen Weisheit. Kann man sein Bewusstsein in diese Ebene heben, ist man angeschlossen an das Göttliche Wissen und fühlt sich als Teil davon. Manchen Menschen gelingt dies bereits, und sie haben Zugang zu Informationen, die mit normalen Sinneswahrnehmungen nicht erfahrbar sind. Pionierarbeit auf dem Gebiet der physischen und metaphysischen Ebene gehören zu diesem Potential, ebenso jede Art von Channeling und Geistigem Heilen.

Ist der Kausalkörper gesund und stark, hat man Zugang zu schöpferischen Ideen und neuen Erkenntnissen, erhält Wahrheiten über sich selbst und über das Universum. Ist der Kausalkörper aber geschwächt, sind die goldenen Linien stumpf und trüb, hat man keinen Zugang zum Göttlichen Energiefeld und verspürt ein Gefühl der Unvollkommenheit. Je schwächer dieser Körper ist, desto mehr fehlt es an Ideen und Verständnis für übergeordnete Zusammenhänge im Leben.

Die Welt der Chakren

Chakren sind Energiewirbel, die wie Trichter oder Blütenkelche aussehen. Genau genommen bestehen sie aus verdichteter Energie, die wiederum Energie anzieht, diese verändert und verwandelt. Somit wirken Chakren wie ein Magnet, der - je stärker er aufgeladen ist - umso mehr Energie anzieht.

Chakren sind die Energiezentren unserer feinstofflichen

Körper und gleichzeitig Empfänger und Transformatoren kosmischer Energien. Sie haben unterschiedliche Formen, Farben, Funktionen und Schwingungsfrequenzen. Jedes Chakra ist mit einem bestimmten Organ energetisch verbunden, wodurch eine direkte Verbindung zum physischen Körper besteht. Untereinander sind die Chakren ebenfalls verwoben, eines könnte ohne das andere nicht voll funktionieren. Wenn nur ein Chakra nicht harmonisch schwingt, hat dies Auswirkung auf alle anderen Chakren. Und auf die damit verbundenen Organe.

Ist zum Beispiel ein Chakra geschwächt, weil es „verklebt" ist, nimmt es gerade nur soviel Energie auf, wie der Mensch zum Überleben braucht. Die Körperorgane, die von diesem Chakra energetisch versorgt werden, bleiben dadurch unterversorgt. Besteht diese Störung über einen längeren Zeitraum, kann sich das negativ in Form von körperlicher Schwäche, geschwächtem Immunsystem und letztendlich in Form von Krankheit auswirken.

Menschen mit geschwächten Chakren sind leichter manipulierbar und neigen selber auch zum Manipulieren. Darunter fallen auch etliche „Energieräuber", die von der Energie anderer Menschen zehren! Und umgekehrt: Kaum ein Mensch mit einem harmonischen Chakrensystem würde andere für seine eigenen Interessen ausbeuten oder missbrauchen!

Die sieben Hauptchakren im Einzelnen:

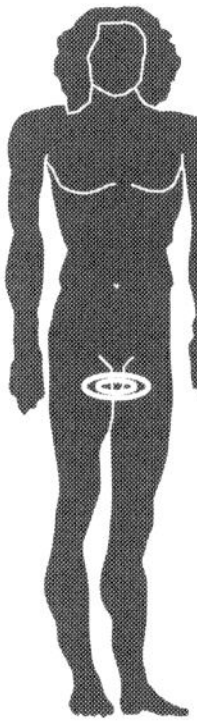

>>Erstes Chakra - Wurzelchakra<<

... auch Basis-Chakra genannt, sitzt am Ende der Wirbelsäule, genauer gesagt am Ende des Steißbeins, und ist der Erde zugewandt. Es dreht sich gemächlich und nimmt nicht nur kosmische Energie, sondern im Speziellen Erdenergie auf. Ohne dieses Chakra könnte man in einem menschlichen Körper auf der Erde nicht existieren. Die klassische Farbzuordnung dieses Chakras ist Rot.

Ist das Wurzelchakra ausgeglichen, ist der Mensch geerdet, gesund, zentriert, voll Lebenskraft, lebensbejahend, vital, kraftvoll, sinnlich und zärtlich. Überenergien zeigen sich in Dominanz, Materialismus oder Gier. Ist das Chakra schwach, deutet dies auf eine Unterenergie im Körper. Der Mensch neigt zu Unsicherheit, zu destruktivem Verhalten, hat wenig Interesse am Leben, an Sexualität und kann im Extremfall selbstmordgefährdet sein.

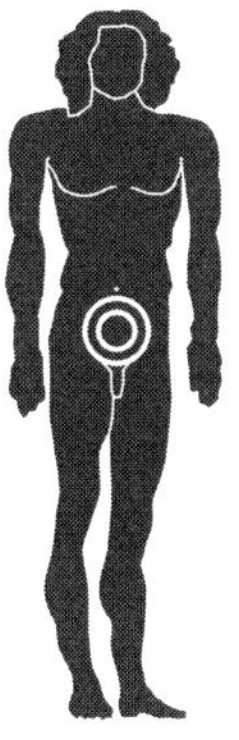

>>Zweites Chakra - Sakralchakra<<

... auch Sexual- oder Milzchakra genannt, ist eigentlich ein Chakrenpaar und sitzt zwischen den Hüftknochen im Unterbauch. Es dreht sich schneller und leichter als das erste Chakra. Die klassische Farbzuordnung dieses Chakras ist Orange.

Das Chakra, das nach vorne geöffnet ist, steht in Zusammenhang mit der Qualität der Sexualenergie eines Menschen. Das nach hinten geöffnete Chakra mit der Quantität der Sexualenergie. Beide zusammen unterstützen die Lebenskraft einer sexuellen Vereinigung. Beim Orgasmus entlädt sich das Chakrenpaar, die dabei entstandene Energie revitalisiert und reinigt den Körper von „Energieverstopfungen" und Spannungen. Ganz wichtig ist die Verbindung des zweiten mit dem vierten Chakra, dem Herzchakra. Fehlt sie, kann dies zu Perversionen im Sexualleben führen.

Menschen, die ein ausgeglichenes zweites Chakra haben, sind selbstbewusst, haben einen gesunden Selbstwert und einen guten Sinn für Humor, sind umsichtig, freundlich, um andere liebevoll besorgt, und können dennoch ihre Wünsche und Gefühle gut erkennen und ausdrücken. Überenergie kann sich in diesem Chakra in einem aufbrausenden, aggressiven, oder sexuell fordernden Verhalten zeigen. Unsicher, übersensibel, ärgerlich und unausgeglichen fühlt sich, wer zu wenig Energie im zweiten Chakra hat.

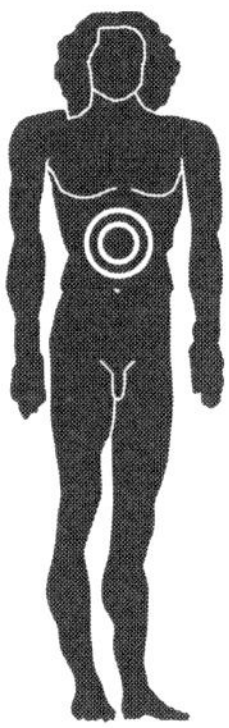

>>Drittes Chakra - Solarplexus<<

Dieses befindet sich oberhalb des Nabels zwischen den auslaufenden Rippenbögen und dreht sich ein wenig schneller als die ersten beiden Chakren. Auch der Solarplexus besteht aus einem Chakrenpaar. Neben kosmischer Energie wird Sonnenenergie in den feinstofflichen Körper aufgenommen. Diese stellt neben der Zufuhr von Erdenergie eine weitere energetische Verankerung des Menschen auf dem Planeten Erde dar. Die klassische Farbzuordnung dieses Chakras ist gelb.

Das dritte Chakra ist stark mit der mentalen Ebene des Menschen verbunden, gleichzeitig ist es der Speicherplatz von Erfahrungen, Wissen und Ängsten aus früheren Leben. Diese alten, oft unbewussten Verhaltensmuster sind sehr tief verwurzelt und führen oftmals zu feinstofflichen Energieblockaden.

Wer ein ausgeglichenes dritte Chakra hat, ist meist selbstbewusst, aufgeschlossen, intellektuell, an allem interessiert, ausgeglichen und ohne Ängste und kann sich und seine Fähigkeiten gut einschätzen. Überenergie zeigt sich in diesem Chakra in einer (be)wertenden, verurteilenden, perfektionistischen, fordernden Haltung, im Hang zu Süchten und Abhängigkeiten. Das Gegenteil - Unterenergie - erzeugt in etwa die gleichen Verhaltensweisen wie die Unterenergie im zweiten Chakra.

>>Viertes Chakra - Herzchakra<<

Das vierte Chakra befindet sich in der Mitte des Brustkorbes, auf der Vorder- und Rückseite des Körpers, etwa in Höhe des physi-

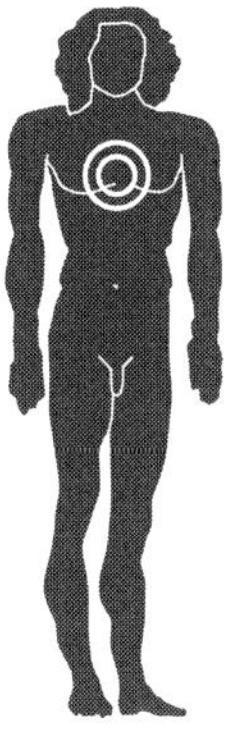

schen Herzens. Die klassische Farbzuordnung dieses Chakras ist rosa-grün.

Das vordere Herzchakra ermöglicht den Menschen, Liebe zu empfinden, das hintere ermöglicht, den eigenen Willen in Übereinstimmung mit dem Göttlichen Willen zu leben. Dieses Chakrenpaar hat eine zentrale Schlüsselfunktion. Es beeinflusst alle anderen Chakren und steht mit ihnen in Verbindung. Im Idealfall ist es weit offen und kennt keine Begrenzung. „Verliebtsein" ist beispielsweise eine kurzfristige, oft überraschende Öffnung des Herzchakras. Diese überwältigenden Gefühle halten jedoch nicht ewig an, man kehrt in seine gewohnte Begrenzung zurück. Angst vor Zurückweisung, Blöße, Verletzung und falsch verstandenes Sicherheitsdenken sind Gründe, sein Herzchakra wieder zu verschließen.

Gefühlvoll, ausgeglichen und verständnisvoll ist, wer genug Energie im Herzchakra hat. Er ist auch hilfsbereit, freundlich und optimistisch. Wer hingegen zu viel Energie hat, kann launisch, melodramatisch, fordernd, verurteilend und manipulativ sein. Wer zu wenig Energie im Herzchakra hat, ist oft unentschlossen, unfrei, voller Selbstmitleid, hat panische Angst vor Ablehnung, fühlt sich unwürdig geliebt zu werden, kann Hilfe nicht annehmen und sucht sie auch nicht wirklich.

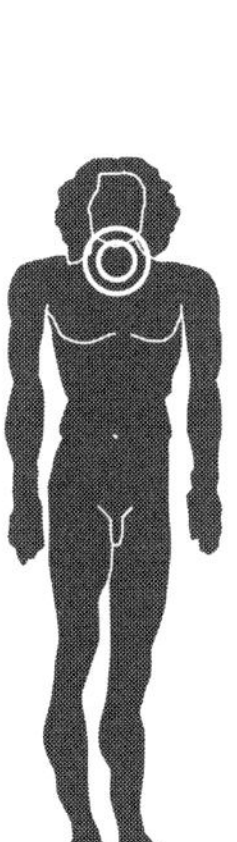

>>Fünftes Chakra - Kehlchakra<<

Dieses Chakra besteht ebenfalls aus einem Chakrenpaar und befindet sich in etwa auf der Höhe des Kehlkopfes - daher wird es auch Kehlchakra genannt. Die klassische Farbzuordnung dieses Chakras ist hellblau / türkis. Es ist stark von den vorhergenannten Chakren abhängig. Schwingt z. B. das dritte Chakra ausgeglichen, tut es auch das fünfte.

Das vordere Kehlchakra steht für die Übernahme von Verantwortung für die eigenen Bedürfnisse. Das hintere hängt stark mit mangelndem Selbstbewusstsein zusammen (im Nacken sitzt die Angst vor dem Versagen).

Das fünfte Chakra ermöglicht den Menschen, sich über das Wort, die Bewegung und die Kunst auszudrücken, wobei es wie eine Sendestation fungiert: Es sendet Gefühle aus und empfängt auch nonverbale Botschaften. Je höher das Chakra schwingt, desto besser wird gefiltert und man erkennt, was wirklich abläuft. Ist das Chakra ausgeglichen, ist der Mensch im Regelfall künstlerisch begabt, ausdrucksstark, versiert im Umgang mit Massenkommunikationsmitteln, zufrieden und fantasievoll. Ein Zuviel zeigt sich oft im Reden ohne Unterlass, in Dogmatismus, Selbstgefälligkeit, in der Sucht nach Anerkennung und im Exhibitionismus. Wer zu wenig Energie hat, kann Gedanken nicht in die passenden Worte kleiden, ist umständlich, kleinlich, unzuverlässig, manipulativ und kann sich nicht fallen lassen.

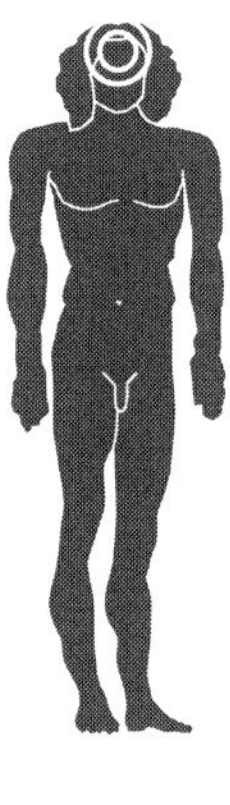

>>Sechstes Chakra - Stirnchakra<<

Dieses Chakra - auch Drittes Auge genannt - befindet sich in der Mitte der Stirn, etwa einen Daumen breit oberhalb der Augenbrauen und existiert wiederum als Chakrenpaar. Die klassische Farbzuordnung dieses Chakras ist indigoblau.

Über das Dritte Auge kann man sich von der Zeit-Raum-Dimension befreien und Grenzen überschreiten. Man erhält Einblick in frühere Inkarnationen und steht ganz mit seiner Intuition in Verbindung. Alle Fähigkeiten, die bereits im fünften Chakra ausgebildet sind, treten verstärkt und verfeinert im sechsten Chakra auf. Außersinnliche Wahrnehmungen, wie etwa das Sehen von Zukunftsvisionen, Aurasichtigkeit, Astralreisen etc. deuten auf ein erwachtes sechstes Chakra hin.

Als Schutzfunktion ist dieses Chakra meist versiegelt und darf nur unter großer Behutsamkeit geöffnet werden. Würde man es zu schnell und intensiv öffnen, könnte das große Störungen im Bewusstsein des Menschen hervorrufen. Anders ausgedrückt: Der Mensch könnte verrückt werden. Das vordere Chakra steht im Zusammenhang mit der Fähigkeit zu visualisieren, kreativ zu denken und zu begreifen. Das hintere Chakra ist für die Umsetzung der Visionen verantwortlich. Ist das vordere Chakra geöffnet und das hintere geschlossen, hat man zwar viele Visionen, kann sie aber nie umsetzen.

Eine ausgeglichene Energie im sechsten Chakra zeigt sich in der Fähigkeit der Telepathie, Aura- und Hellsichtigkeit. Der Mensch hat Einblick in frühere Leben, ist charismatisch und besitzt kosmisches Bewusstsein. Ein Zuviel an Energie macht den Menschen egoistisch, egozentrisch, stolz, dogmatisch, autoritär und manipulativ. Ein Fehlen an Energie macht ihn übersensibel, unsicher, undiszipliniert und verstärkt die Neigung zu Schizophrenie.

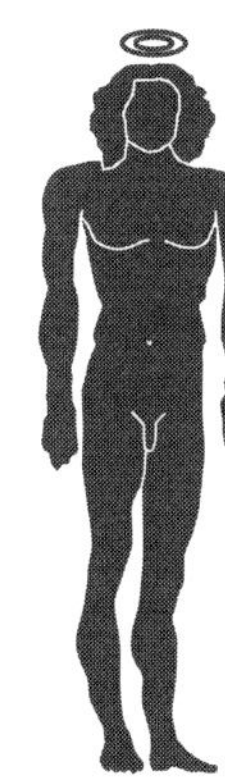

>>Siebentes Chakra - Kronenchakra<<

Dieses Chakra wird auch Scheitelchakra genannt, befindet sich in der Mitte der Schädeldecke und öffnet sich nach oben. Es ist das Chakra, das den menschlichen Körper mit seiner Spiritualität verbindet. Die klassische Farbzuordnung dieses Chakras ist weiß.

Ist es geöffnet und aktiviert, erscheint es als farbig strahlende Krone aus weißem, fast transparentem Licht. Engel und Heilige (oder Herrscher) wurden früher mit einem Heiligenschein abgebildet, der das geöffnete Kronenchakra symbolisiert.

Wenige Menschen haben ein geöffnetes Scheitelchakra. Meist ist es nur soweit geöffnet, dass gerade eine minimale Energieaufnahme erfolgen kann. Würde ein Mensch nur über das siebente Chakra leben und alle anderen Chakren, besonders das erste und das zweite, wären geschlossen, würde er sofort seinen Körper verlassen. Das siebente Chakra zu öffnen ist ein spiritueller Erfahrungsprozess, dem eine schrittweise spirituelle Entwicklung vorausgehen muss. Nur durch Aktivierung der anderen Chakren kann das Kronenchakra schonend aktiviert werden.

Neben den sieben Hauptchakren gibt es noch zahlreiche Nebenchakren, die jedoch für die Grundkenntnisse über den feinstofflichen Körper keine Rolle spielen.

Die wichtigsten Funktionen der Chakren sind

- die Belebung jedes feinstofflichen Körpers und auch des physischen Körpers,
- die Entwicklung seelisch-psychischer Eigenschaften (z.B. Herzchakra - Liebesfähigkeit) und
- die Energieübertragung zwischen den feinstofflichen Körpern.

i

Kapitel 05 - Krankheit und Leiden

Krankheit ist der Ort, wo man lernt

Blaise Pascal

Symptome als Signale

Kennen Sie den Unterschied zwischen rein schulmedizinischen und ganzheitlichen Behandlungen? Der nachfolgende Vergleich führt es Ihnen deutlich vor Augen: Sie fahren mit Ihrem Auto und plötzlich leuchtet auf dem Armaturenbrett ein rotes Warnlämpchen auf. Was machen Sie? Gehen Sie - beziehungsweise Ihr Mechaniker - der Ursache nach oder lassen Sie einfach das Lämpchen entfernen, damit es nicht mehr rot aufleuchten kann?

Die Ganzheitsmedizin geht der Ursache auf den Grund und versucht, in erster Linie im Feinstofflichen die Hintergründe und Ursachen von Krankheiten zu erfassen und zu beheben. Ärzte, die ausschließlich schulmedizinisch arbeiten, betrachten eine Krankheit einzig und allein als eine Störung des physischen Körpers.

Diese Feststellung ist nicht als Angriff auf die Schulmedizin zu bewerten, denn es gibt viele körperliche Probleme und Krankheiten, in denen Alternativmedizin alleine nicht (mehr) helfen kann. Das ist ganz klar. Dennoch sollte man körperliche Symptome nicht nur als Belastungen oder Unannehmlichkeiten empfinden und mit Medikamenten oder Operationen „wegmachen" wollen. Denn diese Art der Problembehebung wäre nur eine sehr begrenzte Bereinigung im „Einser-Programm". Damit würde man sich erst recht nicht mit den Hintergründen und Ursachen des eigentlichen körperlichen Problems auseinandersetzen und für diese auch keine

Verantwortung übernehmen bzw. schon gar keine Veränderungen seiner Sichtweisen oder seiner Lebenssituation herbeiführen wollen.

In der österreichischen Tageszeitung „Standard" vom 11. Juni 2007 wird der Präsident des US-Pharmakonzerns Eli Lilly mit folgenden Worten zitiert: „Ein Medikament wirkt durchschnittlich nur bei 50 Prozent der Patienten, bei Blutfettsenkern liegt es bei 80, bei Krebs bei 20 Prozent. Wenn es also nur bei 50 Prozent der Patienten wirkt, dann ist es für die anderen umsonst, also rausgeschmissenes Geld."

Sie sehen schon, worauf ich hinaus will: Körperliche Symptome, also Krankheiten, sind Signale, die aufzeigen wollen, dass „etwas" nicht stimmt. Dieses Etwas kann eine ungesunde Lebensführung oder eine negative Lebenseinstellung sein, es kann Stress, ein verdrängtes unterschwelliges Problem oder schlichtweg zu wenig Zeit für sich selbst bedeuten. Es kann aber auch ein Hinweis darauf sein, dass eine Veränderung, z. B. ein Jobwechsel oder eine Trennung, fällig ist, dass man mental in einer Sackgasse steckt oder einige seiner Prinzipien über Bord werfen sollte.

Mit Medikamenten oder Operationen kann man nun die Signale des Körpers „betäuben" bzw. kurz- oder mittelfristig bekämpfen, man kann aber auch eine Kurskorrektur einleiten bzw. auf die Notbremse steigen. Letztere sind für die meisten Menschen doch sehr unbequeme und unangenehme Maßnahmen, weshalb sie in vielen Fällen lieber auf eine bequemere Medikamenten-Einnahme zurückgreifen. Zwei Beispiele sollen das Vorangegangene anhand von weit verbreiteten Krankheitsbildern noch einmal klarer vor Augen führen.

Entzündung: Das allgemeine Hintergrundthema von Entzündungen sind unangenehme oder nicht ausgelebte, starke Emotionen, denen der Patient bewusst oder unbewusst immer wieder ausweicht. Dadurch entsteht ein innerer Druck, der nicht abfließen kann. Vielleicht sind diese Emotionen auch mit Aggressionen verbunden, die nicht eingestanden sondern verdrängt werden. Auf alle Fälle ist es ein innerer Konflikt, der sich in einer Entzündung bereits auf der grobstofflichen Ebene manifestiert. Folgende Veränderungen in der Lebensführung wären beispielsweise wichtige Voraussetzungen, um einen Heilungsprozess einleiten oder zumindest unterstützen zu können:

- Die Herausforderungen des Lebens erkennen und ernsthaft und entschlossen annehmen,
- auf seine inneren Impulse achten,
- Entscheidungen treffen,
- seine ehrliche Meinung kundtun,
- alte Gewohnheiten über Bord werfen,
- sich nicht alles gefallen lassen oder
- einen anstehenden Entwicklungsschritt machen.

Dass dies natürlich nur einige von vielen Möglichkeiten sind, liegt auf der Hand.

Ein weiteres Beispiel ist das Krankheitsbild Rheuma. Die Hintergrundthemen dieser weit verbreiteten Krankheit mit ihren verschiedenen Erscheinungsformen sind beispielsweise

- mangelnde Flexibilität,
- Sturheit,
- festgefahrene Verhaltensmuster,
- Intoleranz oder
- Ignoranz.

Menschen, die im weitesten Sinn mit Rheuma Probleme haben, sollten ehrlich hinterfragen, in welchen Lebensbereichen sie an festgefahrenen Einstellungen festhalten, zu Dogmatismus neigen, geistig unbeweglich sind oder in überholten Ansichten erstarren. Ein Heilungs- oder Linderungsprozess sollte im Zusammenhang mit Rheuma immer mit der ehrlichen Absicht einher gehen, toleranter zu werden, andere Meinungen gelten zu lassen, sich und seine Lebensführung von Zeit zu Zeit kritisch zu hinterfragen, seinen geistigen Horizont zu erweitern, die Vergangenheit los zu lassen oder Neuem gegenüber aufgeschlossener zu werden.

Das Trügerische an der so genannten reinen Symptombehandlung ist folgendes: Wird ein physisches oder psychisches Problem ausschließlich mit Medikamenten übertüncht oder verdrängt, wendet sich der Körper einem anderen Organ oder einer anderen Körperregion zu, auf der er ein weiteres, neues Körpersymptom entwickeln kann. Denn er möchte ja um jeden Preis vermitteln, dass ein Problem vorliegt, das behoben werden soll.

Hat beispielsweise jemand Nierenschmerzen, weil ein Problem emotional unbeachtet oder unbewältigt bleibt, weil ihm - wie der Volksmund schon sagt - „etwas an die Nieren geht", und werden diese Nierenschmerzen ausschließlich medikamentös „bekämpft und besiegt", verlagert der Körper das Problem als nächstes vielleicht auf den Magen, und ruft von dort aus um Hilfe. Hat jemand Abgrenzungsprobleme, wird er möglicherweise schon als Kind mit Hauterkrankungen reagieren. Schafft er es nicht, im Laufe seines Heranwachsens damit umzugehen, könnten gravierende Lungenprobleme die weitere Folge sein.

Der deutsche Arzt Dr. med. Ruediger Dahlke hat bereits in den Achtzigerjahren diese Zusammenhänge erkannt und in zahlreichen Büchern veröffentlicht. Seine Bücher sind weit verbreitet und bieten ein fundamentales Basiswissen für ein interessiertes Fachpublikum bzw. auch für Laien.

Heilung als Konsumverhalten

Ein positiver Heilungsverlauf hängt nicht nur von guten Ärzten, Heilpraktikern, Energetikern, Therapeuten oder den neuesten medizinischen Geräten ab, sondern verlangt in erster Linie eine bestimmte innere Haltung oder Einstellung zum Thema Krankheit. Voraussetzungen dafür sind eine gewisse persönliche Reife, die Erkenntnis, dass man Gesundheit nicht kaufen kann, sowie die Einsicht, dass man für seinen Genesungsprozess selbst die Verantwortung übernehmen muss und kein armes Opfer seines Schicksals ist.

>>Aufrichtiges Wollen<<

Manche Menschen meinen, mit Geld alles bewerkstelligen zu können und übertragen diese Grundhaltung in Folge auch auf ihren Heilungsprozess. Mir ist ein Gespräch noch sehr gut in Erinnerung, das ich in einem Thermalbad mitgehört habe. Zwei Hotelgäste, schätzungsweise Ende Dreißig, hatten sich offenbar gerade am Pool kennen gelernt und erzählten einander die „Basics" über sich, ihre familiäre und berufliche Position. Einer der Männer erwähnte dann beiläufig, dass sein Arzt Krebs an ihm festgestellt habe. Er würde in den nächsten Monaten einmal pro Woche für ein paar Minuten zur Strahlenbehandlung gehen müssen, betonte aber, dass das Aus- und Anziehen mehr Zeit als die eigentliche Behandlung in Anspruch nehmen werde. Der andere Mann bewunderte ihn für diese lockere Einstellung. Der Kranke meinte jedoch, man solle kein Drama draus machen, das kriege er schon irgendwie auf die Reihe. Ich persönlich wünsche diesem Mann aus ganzem Herzen, dass er in der Zwischenzeit wieder gesund ist, würde aber in seinem eigenen Interesse hoffen, dass er sich in irgendeiner Weise mit den Hintergründen und Ursachen seiner Krankheit ernsthaft auseinandersetzen wird, um dauerhaft gesund zu bleiben.

Für den Heilungsprozess eines Menschen ist es essentiell, dass die innere Bereitschaft dazu ausreichend groß ist. Viele Klienten (und mit ihnen deren Ärzte und Therapeuten) scheitern meistens gerade daran. Das mag Sie jetzt erstaunen. Will denn nicht jeder Kranke gesund werden, fragt man sich?

Um einen Heilungsprozess in Gang zu setzen bzw. zu unterstützen, muss man das nicht nur ernsthaft wollen sondern dafür auch etwas tun. Unter „ernsthaft" meine ich nicht zu beteuern: „Ich will ja gesund werden", von einem Arzt zum andern zu laufen bzw. sämtliche Behandlungsmethoden über sich ergehen zu lassen. Sondern „ernsthaft" bedeutet in diesem Zusammenhang, in sich zu gehen, sich Auszeit zu gönnen, sein Leben kritisch unter die Lupe zu nehmen, anstehende Veränderungen durchzuziehen, etc. - und dies ohne Ausflüchte, die oft lauten: „Dafür habe ich doch gar keine Zeit".

Die Erfahrung zeigt, dass viele Menschen ihre Krankheit lediglich loshaben wollen, ohne bereit zu sein, ehrliche Innenschau zu halten. Mit Hilfe des kinesiologischen Muskeltests (14) kann man beispielsweise die innere Bereitschaft, das innere Wollen für den Gesundungsprozess abfragen. Dabei wird in vielen Fällen festgestellt, dass die innere Bereitschaft so niedrig ist, dass man alleine schon ausführliche mentale Vorarbeit leisten müsste, bevor ein Kranker überhaupt zum Arzt geht, damit dessen schulmedizinische Maßnahmen optimal und vor allem dauerhaft greifen können.

Krankheit wird vielfach gar nicht als die Chance erkannt, sein Leben kritisch zu betrachten und zu verändern, sondern nur als

(14) kinesiologischer Muskeltest: siehe Glossar

Übel, das es sofort aus der Welt zu schaffen gilt. Und damit ist in keiner Weise die Voraussetzung für einen Heilungsprozess gegeben. Gesundwerden ja, aber bitte alles so bequem und rasch wie möglich und am besten ohne Aufwand. Wozu zahlt man denn Krankenversicherung?

> Wir werden vom Schicksal hart oder weich geklopft. Es kommt auf das Material an.
> Marie von Ebner-Eschenbach

>>Selbstverantwortung und Opferhaltung<<

Ein weiteres Hemmnis im Heilungsprozess, das im weitesten Sinn auch mit dem allgemeinen Konsumverhalten zu tun hat, ist die Weigerung, die Verantwortung für sich, seinen Körper, sein Leben, seine Handlungen und somit auch für seine Gesundheit oder Krankheit zu übernehmen. In vielen Fällen wird einer Selbstverantwortung aus Bequemlichkeit oder mentaler, emotionaler, finanzieller bzw. karmischer Abhängigkeit aus dem Weg gegangen. Vielfach werden Menschen so erzogen, dass ihnen in der Kindheit von ihren Eltern die meisten Probleme aus dem Weg geräumt werden. Sind sie erwachsen, ist es für sie umso schwieriger, Selbstverantwortung zu übernehmen und diese auch mit allen Konsequenzen zu tragen.

Im Krankheitsfall wird der Mensch gezwungen, die Hintergründe und Ursachen seiner Krankheit zu erkennen und die volle Verantwortung dafür zu übernehmen. Wie oft wird diese jedoch auf den Arzt oder den Therapeuten abgewälzt! Manche Menschen flüchten dann in eine scheinbare Hilflosigkeit und nehmen eine Opferhaltung ein, wodurch sie sich noch weiter von ihrer Selbstverantwortung entfernen. Sie werden als armes Opfer ihres Schicksals bedauert, bemitleidet, verhätschelt und verwöhnt. Dabei wäre in vielen Fällen ein gesundes Mitgefühl durch ihr soziales Umfeld eine weitaus wirkungsvollere und zielführendere Begleitung und Unterstützung im Heilungsprozess, als sie zu bedauern und sie in ihrer Opferhaltung zu bestärken.

> Alle Erkrankungen körperlicher und seelischer Art sind prinzipiell heilbar. Der Schlüssel dafür und die Verantwortung für den Heilvorgang liegen im Unterbewusstsein des Patienten.
> Dr. med. Dietrich Klinghardt (15)

Fische-Zeitalter und Leiden

In den letzten zweitausend Jahren waren Leiden und Leidensfähigkeit Attribute einer Zeitepoche, die selbst in der heutigen modernen Zeit noch starken Einfluss auf das Denken und Fühlen vieler Menschen haben. Diese Epoche entspricht dem so genannten „Fische-Zeitalter" und dauert von etwa Christi Geburt bis - astronomisch genau berechnet - zur Wintersonnenwende im Jahr 2012 n. Chr. (siehe dazu auch das Kapitel „Die Neue Zeit" ab Seite 149). Eine vielfach oft falsch verstandene Volksfrömmigkeit prägte in dieser Zeit das Verhalten weiter Bevölkerungsschichten der westlichen Welt. Aufrechten Christen wurden Leiden und Leidensfähigkeit von religiösen Führern als erstrebenswerte Tugenden vermittelt. Fromme Menschen wurden durch die christliche Religionslehre dahingehend geprägt, dass man durch Leiden in den Himmel komme oder das

(15) Zitat aus: Klinghardt, Dr. med. Dietrich: Lehrbuch der Psycho-Kinesiologie. Freiburg 1996

Kreuz Christi mittrage. Durch diese Geisteshaltung konnte auch das (christliche) Märtyrertum in den letzten zwei Jahrtausenden seine Hochblüte entwickeln. Leiden wurde vielfach als etwas Selbstverständliches, Schicksalhaftes, von Gott Gewolltes, manchmal vielleicht sogar als etwas Heroisches hingestellt. Leiden und Sterben werden selbst heute noch als heldenhaft hochstilisiert, wenn Angehörige und Hinterbliebene von Kriegsopfern und Kriegsinvaliden dafür Auszeichnungen erhalten. Mit Parolen wie „Sein Blut fürs Vaterland opfern" versucht man, dem grauenvollen Gemetzel eine heldenhafte Bedeutung zu verleihen.

Leiden und Sich-Aufopfern waren in den vergangenen Jahrhunderten christliche Tugenden, die einfach kritiklos hingenommen und an nachfolgende Generationen weiter vermittelt wurden. Dieses Weltbild ist in vielen Menschen auch heute noch sehr stark verankert.

Im beginnenden Wassermann-Zeitalter (16) ist jedoch bereits ein neues, verändertes Bewusstsein zu bemerken. Selbstverantwortung, Unabhängigkeit, Individualität sind nur einige der Eigenschaften, die den Menschen der kommenden Jahrzehnte und Jahrhunderte prägen werden. Und Selbstverantwortung bedeutet in diesem Zusammenhang auch, hinter die Kulissen zu blicken und Leid nicht als einfach von Gott gewollt oder als gegeben hinzunehmen, sondern zu hinterfragen, was es mit dem Leiden auf sich hat und wie man die Ursachen für dieses Leiden finden, verändern und beheben kann. Denken Sie nur an die Geistigen Gesetze, insbesondere an das Gesetz von Ursache und Wirkung oder an die Botschaften, die der Körper mit seinen Krankheitssymptomen vermitteln

(16) Wassermann-Zeitalter: lesen Sie mehr darüber auf Seite 149

möchte. Denken Sie an die Selbstverantwortung, durch deren Kraft jeder Mensch aus seiner Opferhaltung aussteigen kann.

„Es ist nicht mehr nötig zu leiden" ist einer der Leitsätze der neuen Zeit. Zugegeben: Es wird für niemanden einfach sein, und es wird auch viele Rückschläge geben. Aber eine spirituell hoch entwickelte Menschheit wird Leiden als Korrektiv im Laufe der nächsten Jahre oder Jahrzehnte nicht mehr benötigen.

Krankheit und Leid als Karma-Aufarbeitung

Dass Leiden niemals sinnlos ist, durfte ich in meiner Zeit als Kinesiologin immer wieder erfahren. So erinnere ich mich an einen Klienten, der 68jährig ins Krankenhaus eingeliefert wurde. Er litt bereits seit einiger Zeit unter extremen Kopfschmerzen und starken Schwindelgefühlen, als eine seiner Töchter zu mir in die Praxis kam. Über sie testete ich kinesiologisch aus, dass die Ursache seiner Probleme wahrscheinlich ein inoperabler Gehirntumor sei, was sich einige Tage später durch die medizinischen Untersuchungen der Krankenhausärzte leider bestätigte.

Dieser Mann durchlitt noch einige qualvolle Monate. Zu „gesund" um zu sterben und zu krank, um ein lebenswertes Dasein zu führen. Die Ärzte konnten ihm nur mit schweren schmerzstillenden Medikamenten das Leben einigermaßen erträglich machen.

Seine Töchter waren verzweifelt. Einerseits bangten sie um das Leben ihres Vaters, andererseits wussten sie, dass nur der bevorstehende Tod dem Leiden ein Ende bereiten würde. In zahlreichen Telefonaten und Gesprächen durfte ich die Angehörigen durch diese schwere Zeit begleiten. Oft fielen Begriffe wie „unbarmherziges Schicksal", „strafender Gott" oder „Familienfluch" (sie hatten die Mutter dreizehn Jahre zuvor ebenfalls durch Krebs verloren) oder

„bodenlose Ungerechtigkeit". Niemand konnte sich vorstellen, wozu dieses Leiden überhaupt nötig war.

Da bekam ich die Information aus der Engelwelt, dass sein Leiden eine Art Karma-Erlösung sei. Als ich konkreter nachfragte, erhielt ich die Botschaft, dass dem Mann durch sein Leiden ein Großteil seines noch verbleibenden Karmas „gelöscht", erlassen oder erlöst würde, jener Teil, den er in diesem Leben noch aufzuarbeiten gehabt hätte bzw. in die nächste Inkarnation mitgenommen hätte. Da es ihm nicht möglich war, sein Karma in diesem irdischen Leben zu bereinigen, erhielt er durch sein Leiden die Möglichkeit, dies in Form von Krankheit aufzulösen.

Leiden ist eine Form der Karma-Erlösung. Sie ist aber nicht die einzige. Mit zunehmender spiritueller Entwicklung der Menschheit wird es künftig in vielen Fällen gar nicht mehr nötig sein, Karma durch Leiden aufzuarbeiten. Wer sich und sein Verhalten ständig ehrlich beobachtet und an sich arbeitet, wer regelmäßig seinen feinstofflichen Körper reinigt und pflegt, wer sich bemüht, seine spirituelle Entwicklung voranzubringen und in einer spirituellen Grundhaltung zu leben, dem werden in Zukunft andere Wege als Leiden für Karmaerlösung zur Verfügung stehen. Das heißt aber nicht zwangsläufig, dass Menschen, denen Leiden erspart bleibt, kein Karma mehr aufzulösen haben. Es gibt unzählige Arten der Karmaerlösung, Leiden ist nur eine davon.

Körperliche Behinderung und ihre spirituelle Bedeutung

Behinderte Menschen sind meist hoch entwickelte Seelen, die oft freiwillig in einem behinderten Körper inkarnieren. Sie entscheiden auf der Seelenebene bereits vor ihrer Empfängnis, dass sie mit einer körperlichen Behinderung zur Welt kommen werden bzw.

wissen um die hohe Wahrscheinlichkeit, dass im Laufe ihres Lebens durch einen Unglücksfall ein körperliches Gebrechen verursacht werden wird.

Durch die große Herausforderung einer Behinderung geben diese Menschen sich selbst, aber vor allem ihrem sozialen Umfeld die Chance, an der Situation zu wachsen und sich auf der Persönlichkeitsebene und der spirituellen Ebene weiterzuentwickeln sowie über ihre eigenen Grenzen hinauszuwachsen.

Die verschiedenen Ebenen der Heilung

Nicht nur seelische oder mentale Belastungen, ungelöste zwischenmenschliche Probleme oder verdrängte Emotionen können Krankheiten hervorrufen. Auch erbliche Veranlagung, körperlicher Raubbau oder karmische Vorbelastungen spielen eine wesentliche Rolle für die Entstehung von Krankheiten.

Treffen mehrere Komponenten aufeinander, ist die Wahrscheinlichkeit, dass eine Krankheit zum Ausbruch kommt, umso größer. Deshalb ist es wichtig, nicht nur den physischen Körper zu behandeln, sondern auch den feinstofflichen Körper, die Aura.

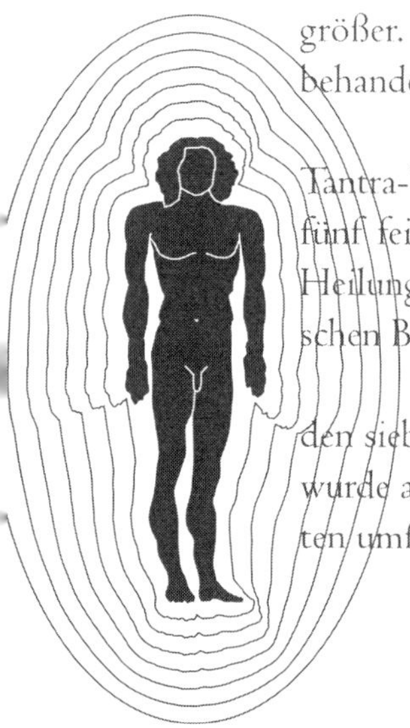

Bereits vor mehr als 5.000 Jahren kannte man im indischen Tantra-Yoga das Modell der „Fünfkörperlehre". Diese beschreibt fünf feinstoffliche Körper des Menschen und ordnet diesen fünf Heilungsebenen zu, beginnend von medizinischen und chiropraktischen Behandlungen bis zur spirituellen Heilung.

Dieses Modell lässt sich jedoch noch feiner aufgliedern und den sieben Aura-Schichten des Menschen zuordnen. Mittlerweile wurde auf medialem Wege bekannt, dass die Aura an die 20 Schichten umfassen dürfte.

Nun möchte ich Ihnen noch einmal klar vor Augen führen,

warum manche Therapien oder Heilansätze nur begrenzt oder gar keine Wirkung zeigen können: Ein Knochenbruch, der durch einen Unfall auf der physischen Ebene entstanden ist, kann auf dieser Ebene durch eine Operation wieder zusammengefügt werden. Die Schulmedizin setzt dabei ausschließlich am physischen Körper an. In vielen Fällen ist damit das Problem abgeschlossen.

Hat der Betroffene jedoch immer noch Schmerzen, die medizinisch nicht in den Griff zu bekommen sind, bzw. kommt es zu einem neuerlichen Knochenbruch, kann das ein Hinweis darauf sein, dass das Problem auch auf höheren Ebenen zu bearbeiten ist. Vielleicht hängt der Unfall, der zur Verletzung geführt hat, mit einer negativen Lebenseinstellung oder negativen Erwartungshaltung zusammen (negative Gedanken sind energetisch im Mentalkörper, im dritten feinstofflichen Körper abgespeichert). Der Knochen ist zwar zusammengeflickt (Korrektur in der physischen Ebene), aber an der Grundeinstellung hat sich nichts geändert. Anders ausgedrückt: Die Mentalkörper-Ebene, in der die Ursache für den Knochenbruch sitzt, wurde nicht mitbehandelt und nicht geheilt. Die Gefahr einer neuerlichen Verletzung ist dadurch immer noch gegeben. Deshalb ist es wichtig, neben der physischen Korrektur auch im Mentalkörper, auf der dritten Heilungsebene zu arbeiten. Beispielsweise mit Gesprächstherapie, Blütenessenzen oder Kinesiologie. Wenn nun der Knochenbruch geheilt ist (durch eine Operation), die negativen Gedankenmuster aufgearbeitet sind (Gesprächstherapie, Mentaltraining), die Schmerzen aber immer noch nicht abklingen oder es zu einem weiteren Unfall kommt, dann ist das ursprüngliche Problem feinstofflich oft noch höher angesiedelt, etwa auf der karmischen Ebene (siebenter Körper / Kausalkörper). Dort sind karmische Blockaden, Muster oder Erfahrungen abgespeichert. Erst wenn das Karma zum Thema „Knochenbruch“ aufgearbeitet ist, kann es in diesem Fall zu einer dauerhaften Heilung kommen.

Um im siebten feinstofflichen Körper zu arbeiten, bedarf es jedoch hoch schwingender Hilfsmittel oder eines speziellen Menschen, der fähig ist, auf dieser hohen spirituellen Ebene zu arbeiten.

Sie sehen also: Je feinstofflicher der Heilungsansatz, desto erfolgreicher die Heilungsaussichten. Dies gilt vor allem für Menschen, die „schon alles probiert haben und denen nichts geholfen hat…" Möglicherweise war der Heilungsansatz auf einer zu niedrigen, feinstofflichen Ebene angesiedelt. Gleichzeitig gilt der Grundsatz: Je höher sich ein Mensch spirituell entwickelt hat, desto höher muss der Heilungsansatz liegen, da „niedrig-schwingende" Heilmethoden seine hohen Eigenschwingungen nicht erreichen und korrigieren können.

In diesem Zusammenhang lässt sich leicht erkennen, dass alternative Heil- und Behandlungsmethoden sowie feinstoffliche Energiearbeit immer eine sinnvolle Ergänzung zur schulmedizinischen Arbeit sind.

Engelsymbole und Engelessenzen wirken grundsätzlich immer in den sieben feinstofflichen Körpern, ja sie reichen - laut Information aus der Engelwelt - in ca. 20 feinstoffliche Ebenen hinein. Bis sie durch alle Aura-Schichten gedrungen sind und ihre Wirkung entfalten können, kann es manchmal allerdings ein wenig dauern. Ziel jeder feinstofflichen Energie- und Heilarbeit sollte sein, im Idealfall zumindest alle sieben Energiekörper zu reinigen, zu pflegen, aufzuladen und ins Gleichgewicht zu bringen. Nur dann kann ein Heilungsprozess auf allen Ebenen stattfinden.

Ganzheitliche Heilungsarbeit setzt immer einen Bewusstwerdungsprozess in Gang. Das bedeutet umgekehrt, wenn der Mensch nicht ehrlich und aufrichtig bereit ist, an sich selbst zu arbeiten, sein Denken und sein Bewusstsein zu erweitern, sich für eine spirituelle Weiterentwicklung zu öffnen, kann selbst die beste ganzheitliche Heilungsmethode nicht sehr viel bewirken. Aus diesem Grund kann Ganzheitsmedizin auch nur sehr begrenzt „konsumiert“ werden. Allzu schnell ist der Punkt erreicht, an dem der Heilungsprozess stagniert, wenn auf der geistigen Ebene keine Veränderung passiert. Zahlreiche Menschen entdecken erst durch Lebenskrisen, Schicksalsschläge oder Krankheiten ihre Spiritualität und integrieren diese in ihr Leben.

Feinstoffliche Energie- und Heilungsarbeit

Nachfolgend werden ein paar ganzheitliche Behandlungsmethoden vorgestellt, deren Aufzählung jedoch unvollständig ist. Ihnen allen ist gemeinsam, dass sie auf dem Schwingungsprinzip basieren und deshalb wissenschaftlich noch nicht anerkannt sind. Die Wissenschaft kann ihrerseits jedoch feinstoffliche Körper weder erkennen noch nachweisen, weshalb die Autorisierung dieser Heilungsmethoden durch die Wissenschaft ohnehin sehr fragwürdig wäre.

>>Homöopathie<<

Der wichtigste Grundsatz der von Samuel Hahnemann um 1800 begründeten Heilmethode ist das Ähnlichkeitsprinzip: „Ähnliches werde durch Ähnliches geheilt - similia similibus curentur“. Das entscheidende Auswahlkriterium für ein homöopathisches Arzneimittel ist jenes, dass das Mittel an einem gesunden Menschen ähnliche Symptome hervorrufen kann wie die, an denen der Kranke leidet. Durch die Einnahme homöopathischer Mittel wird der kranke Körper gezwungen, sich gegen das Mittel „zur Wehr zu setzen“ und baut dadurch Abwehrstoffe auf, die schließlich einen Gesundungsprozess einleiten können. Die Homöopathie hat sich gerade in den letzten 20 Jahren zu einer Ernst zu nehmenden Alternative zur Schulmedizin entwickelt.

>>Holopathie<<

ist eine energetische Diagnose- und Therapiemethode, die über den Energiezustand des Körpers Auskunft gibt. Das Wort „Holopathie" stammt aus dem Griechischen und setzt sich zusammen aus „holos" (= ganz) und „pathos" (= Empfinden). Zuerst misst der behandelnde Arzt oder Therapeut unter Zuhilfenahme eines Computers die energetischen Belastungen und Blockaden des Patienten und seines Energiesystems. Dann wird dem Patienten gezielt Energie für den eigenen Energieausgleich zugeführt. Damit werden energetische Blockaden gelöst und die Selbstheilungskräfte aktiviert, in weiterer Folge können akute und chronische Krankheiten, Schmerzzustände und Befindlichkeitsstörungen gelindert oder geheilt werden.

>>Energieübertragung, Reiki<<

Beiden Methoden ist gemeinsam, dass bei der Anwendung der Praktizierende eine Verbindung zwischen der universellen Lebensenergie und dem Empfangenden herstellt. Das heißt, nicht der Praktizierende stellt diese Energie zur Verfügung, er dient lediglich als Energiekanal. Diese Energieübertragung kann man in Kursen lernen, mehr und mehr Menschen entdecken jedoch die in ihnen angelegten natürlichen Fähigkeiten der Energieübertragung und nutzen sie im Bedarfsfall für sich oder ihre Angehörigen. Zu beachten dabei ist jedoch, dass man - wenn man mit vielen unterschiedlichen Menschen arbeitet - auf einen gewissen energetischen Schutz bzw. eine energetische Reinigung nach der Arbeit mit Klienten nicht vergessen sollte.

>>Blüten- und Steine-Essenzen<<

sind energetische Hilfs- und Heilmittel, die den feinstofflichen Körper, der aus seiner idealen Grundschwingung durch Stress, Ängste, Schmerzen, Traumata oder ähnliches „herausgefallen" ist, wieder in den Idealzustand zurückführen können. Die meisten Essenzen zeigen auf der seelischen und mentalen Ebene die stärkste Wirkung und sind für viele Menschen ein wichtiger Einstieg in eine neue, ganzheitliche Denkweise. Blüten- und Steine-Essenzen können auf der mentalen Ebene Kraft, Mut und Ausdauer schenken und damit den Selbstheilungsprozess des Körpers unterstützen.

>>Geistiges Heilen, Geistheiler<<

sind Menschen, die Geistige Heilkräfte in ihrem Körper fokussieren können und sie anderen Menschen zuführen. Geistiges Heilen kann man in einem begrenzten Ausmaß lernen, die meisten Geistheiler haben diese Fähigkeit als natürliche Begabung mitbekommen. Wichtig wiederum ist, dass sich der Heiler gut schützt. Lassen Sie mich in diesem Zusammenhang noch einmal aus dem „Lehrbuch der Psycho-Kinesiologie" auf Seite 31 von Dr. med. Dietrich Klinghardt zitieren: „ Je höher die Ebene, auf der ‚gearbeitet' wird, desto höher der Energiefluss vom Heiler zum Geheilten, und damit der Energieverbrauch des Heilers. ... Die Aufgabe des Heilers ist es zu lernen, die stets verfügbare Energie durch sich hindurchfließen zu lassen und nie die eigene Lebensenergie abzugeben ... Erst der menschlich reife Heiler, der weiß, wie er seine eigene Energiebatterie ständig wieder auffüllen kann, sollte sich auf die höheren Ebenen wagen."

>>Arbeit mit Engelsymbolen und Engelessenzen<<

ist eine besondere Form der Energiearbeit. Dabei werden dem feinstofflichen Körper reine, hoch schwingende Energien der Geistigen Welt, der Engelwelt, zugeführt. Diese Energien können beispielsweise in Form von energetisierten Engelsymbolen und Engelessenzen oder Engel-Ölen Verwendung finden. Sie lassen sich mit allen bekannten alternativen Behandlungsformen, wie beispielsweise Kinesiologie, Massage, Reiki, Fußreflexzonenmassage etc. kombinieren. Dabei braucht sich der Praktizierende für die Energieübertragung nicht mehr selbst als Mittler zur Verfügung zu stellen, was für ihn absoluten Schutz und Sicherheit einerseits und weniger Anstrengung und Energieverlust andererseits bedeutet.

*Meditation mit Erzengel Raphael

Sieh das Engelsymbol von Erzengel Raphael noch einmal
gut an, dann schließe deine Augen, mach es dir bequem
und entspanne dich. Atme ruhig ein - atme ruhig aus.
Lockere deine Muskeln vom Kopf bis zu den Füßen.
Lass dich fallen wie ein Baby in den Schoß seiner Mutter.
Vergiss den Alltag, vergiss alles um dich herum.
Im Augenblick bist nur DU alleine wichtig.
Ich zeige dir nun, wie du mit Hilfe von Erzengel Raphael deine Gesundheit bewahren oder verbessern kannst.
Diese Meditation kannst du regelmäßig vorm Einschlafen

machen. Sie ist eine „Gesundheitsvorsorge" auf der feinstofflichen Ebene.
Lege dich in deiner Vorstellung bequem in dein Bett. Lass vor deinem inneren Auge noch einmal das Symbol von Erzengel Raphael auftauchen. Spüre die beruhigende, heilende Energie dieses mächtigen Erzengels.
Lass sie ein wenig auf dich wirken.
Hülle dich nun mit der Heilfarbe von Erzengel Raphael ein. Stell dir dabei vor, wie ein zartgrüner Nebel - bei deinen Beinen beginnend - ganz langsam an deinem Körper entlang aufsteigt und dich einhüllt.
Bleib ein wenig in dieser Energie.
Als nächstes spüre, wie zartes, heilendes Grün wie eine flüssige Farbe - von den Füßen beginnend - in deinen Körper einströmt. Tauche langsam und ganz allmählich mit deinem ganzen Körper in diese Heilfarbe ein und genieße sie.
Als nächstes sind deine Aura-Schichten und Chakren an der Reihe. Wie mit einem Scanner arbeitet sich die grün leuchtende, heilende Energie von Erzengel Raphael durch all deine Aura-Schichten. Dort wo sie auf Blockaden stößt, werden diese sanft aufgelöst und in goldenes Licht transformiert. Lass dir dabei ruhig Zeit und bedenke, dass

du mindestens 20 Aura-Schichten hast.
Als nächstes schickt dir Erzengel Raphael seinen grünen Heilstrahl. Dieser Strahl geht wie ein Laserstrahl durch deinen gesamten Körper hindurch. Visualisiere das Licht von Erzengel Raphael, wie es in deine Zellen und Zellkerne dringt und es mit Engelenergie erfüllt. Zellen, die nichts in deinem Körper zu suchen haben, werden von Erzengel Raphael mit seinem Licht durchstrahlt.
Die Blaupause in deiner Aura, in der der Bauplan deines Körpers genau abgebildet ist, wird neu ausgerichtet.
Falls dein Herz noch heilende Energien benötigt - lege in deiner Vorstellung das Engelsymbol von Erzengel Raphael auf dein Herzchakra. Spüre, wie dein Herz diese heilsamen Energien begierig in sich aufsaugt.
Bleib noch ein wenig in diesem wunderbaren Gefühl.
Bedanke dich nun bei Erzengel Raphael.
Gemeinsam mit ihm kannst du von Zeit zu Zeit oder ganz regelmäßig einen Engel-Gesundheits-Checkup durchführen und damit feinstoffliche Präventivmaßnahmen treffen.
Sei dir bewusst, dass jede physische Krankheit im Feinstofflichen ihren Ausgang nimmt.
Komm nun allmählich wieder zurück in die Gegenwart ...

Kapitel 06 - Tod und Sterben

Sterben ist auf Wollen gegründet: Ein Mensch wird geboren, weil das seinem eigenen Bedürfnis entspricht, und er stirbt, weil er - unbewusst - sterben will. Die Seele des Menschen hat diese Entscheidung getroffen, die unterhalb der Schwelle der bewussten Wahrnehmung erfolgt ist.

Bernard Jakoby (17)

Ist der Tod ein Ende oder ein Anfang?

Ganz spontan würden wohl die meisten Menschen diese Frage mit „Ende" beantworten. Für jene, die nicht an ein Leben nach dem Tod oder an Wiedergeburt glauben können, ist dies auch die einzig mögliche oder logische Antwort.

Es ist nicht meine Absicht, Sie von einem Vorgang überzeugen zu wollen, den Sie vielleicht ablehnen oder der Ihnen als völlig unmöglich erscheint. Das würde mir ohnehin nicht gelingen. Aber vielleicht können Sie die nachfolgenden Ausführungen einfach nur als Informationen auffassen und so, wie sie geschrieben sind, für sich stehen lassen.

(17) Jakoby, Bernard: Keine Seele geht verloren. München 2003

Ein Sprichwort lautet sinngemäß: „Wenn ein Mensch zur Welt kommt, dann weint er, und die Umstehenden lächeln. Wenn ein Mensch stirbt, dann lächelt er, und die Umstehenden weinen." Die Geburt kann einen schmerzhaften Abschied von der Geistigen Welt bedeuten. Das ist eine Perspektive, die die wenigsten Menschen bedenken oder zulassen können. Eine Seele entscheidet sich, die Geistige Ebene zu verlassen, um wieder einen irdischen Körper anzunehmen, um neue Erfahrungen zu machen, sich in ihrer Entwicklung zu vervollkommnen, Karma (18) aufzulösen oder ganz einfach nur um anderen Menschenseelen zu helfen. Sie bereitet sich vor ihrer Empfängnis auf einen neuerlichen „Abstieg" zur Erde vor, und dies ist ausschließlich ihr freier Wille. Niemand zwingt sie dazu. Sie wird beraten und unterstützt von hohen Geistigen Wesenheiten und ihrem Höheren Selbst (19). Doch dieses Verlassen der Geistigen Welt ist nicht nur ein Verlassen der Engelwelt, sondern gleichzeitig oft auch ein Zurücklassen ihrer „Seelengeschwister" oder „Seelenfreunde", die zur selben Zeit wie sie in der Geistigen Ebene weilen und mit denen sie eng verbunden ist.

Laut Informationen aus der Geistigen Welt inkarnieren viele dieser „Seelenfreunde" oder „Seelengeschwister" innerhalb einer bestimmten Zeitspanne, um einander im Erdenleben wieder zu begegnen. Sie vereinbaren bereits vor ihrer Inkarnation, ob sie als Geschwister, Freunde, Partner oder Feinde Erfahrungen sammeln bzw. Karma aufarbeiten wollen. Es obliegt jedoch jedem Einzelnen von ihnen, im Erdenleben eine andere Rolle als die vereinbarte einzunehmen. Das entspricht dem Prinzip des freien Willens, der über allem steht.

(18) Karma: siehe Glossar
(19) Höheres Selbst: siehe Glossar

Umgekehrt ist es demnach so, dass ein Mensch, der die Bühne seines Lebens verlässt und in die Geistige Ebene hinüberwechselt, ebenfalls Eltern, Partner, Kinder, Freunde und andere Menschen zurücklassen muss. Doch der Wechsel von der irdischen in die Geistige Welt ist ein ungleich angenehmer und besserer. Vielfach wird dieser Wechsel als „Reise nach Hause" oder „Heimkehren zu Gott" beschrieben. Auf alle Fälle ist es ein (temporäres) Eintauchen in eine Zwischenebene, die Geistige Welt, bevor sich die Seelen, die „Bewusstseinsfunken", eines Tages wieder endgültig in die Quelle, in die All-Liebe zurückkehren werden.

> Jeder Mensch, der geboren wird, wünscht geboren zu werden. Er stirbt, wenn dieser Wunsch nicht länger wirksam ist.
> Bernard Jakoby

Zeitpunkt und Todesumstände

Kein Tod ist zufällig oder Schicksal. Das Prinzip von Ursache und Wirkung, das den Geistigen Gesetzen zugeordnet wird, wurde bereits in einem früheren Kapitel ausführlich behandelt. Wenn sich eine Seele entschließt, die irdische Ebene zu verlassen, entscheidet einzig sie - wie schon zuvor bei ihrer Inkarnation - über Zeitpunkt, Ort und Umstände ihres Überwechselns in die andere Dimension. Vielfach ist eine Seele über längere Zeit unentschlossen (siehe auch das Kapitel „Die spirituellen Phasen im Sterbeprozess ab Seite 89ff), ob sie wirklich gehen soll. Dies kann sich beispielsweise in einer längeren oder schweren Krankheit ausdrücken, von der ein Mensch wieder genest, ein anderer jedoch daran stirbt. Umgekehrt gibt es auch Seelen, die vor ihrer Geburt noch unentschlossen sind, ob sie wirklich einen menschlichen Körper annehmen und ein weiteres Menschenleben beginnen sollen. Sie zögern und zaudern und kehren - oft sogar noch vor oder während der Geburt - in die andere Ebene zurück. Abortus oder Totgeburt werden diese Umstände von den Schulmedizinern genannt.

Von der Geistigen Welt habe ich Informationen dahingehend erhalten, dass es verschiedene Gründe geben kann, WARUM eine Seele überhaupt den irdischen Weg verlässt und in die Geistige Ebene zurückkehrt. Die vier häufigsten Gründe sind:

- Ablauf der Zeit,
- den Lebensplan erfüllt haben,
- in einer Sackgasse feststecken oder
- Lernprozess für andere.

>>Ablauf der Zeit<<

Manche Seelen haben sich bereits vor ihrer Inkarnation einen bestimmten Zeitrahmen vorgenommen, in dem sie hier auf der Erde verweilen werden. Sie bekommen als Menschen verschiedene Situationen und Lernthemen, an denen sie wachsen können. Gleichzeitig kennt die Seele den Zeitpunkt, an dem sie die Erde wieder verlassen kann. Die Seele arbeitet bereits einige Zeit vor diesem Ausstieg darauf hin, ein „Szenario" für das Verlassen des irdischen Lebens zu kreieren. In den allermeisten Fällen verläuft das für den betroffenen Menschen und sein Umfeld völlig unbewusst und unbemerkt.

Ein Beispiel: Vielleicht erinnern Sie sich an den Absturz der Concorde am Flughafen von Paris im Jahr 2000. In den Medien tauchte immer wieder die tragische Geschichte jener Passagierin auf, die ihre schwere Krebskrankheit kurz zuvor „besiegt" hatte und dann durch den Flugzeugabsturz doch den Tod gefunden hat. Im Einser-Programm ist dies natürlich eine menschliche Tragödie, im Zweier-Programm hatte sich die Seele zu einem bestimmten Zeitpunkt längst für den Wechsel in die andere Dimension vorbereitet und war auf der körperlichen Ebene in die Krankheit gegangen. Die Schulmedizin hatte diese Krankheit bekämpft und scheinbar besiegt. Da die Seele aber fest entschlossen war, den Ablauf der von ihr gewählten Zeit einzuhalten, suchte sie nach einer anderen Möglichkeit. Im Einser-Programm buchte diese Frau ausgerechnet diesen Flug, der mit einer Katastrophe endete. Die Seele konnte dadurch in die andere Dimension überwechseln.

Und noch ein anderes Beispiel: Ein mir bekanntes Ärztepaar wollte im Jahr 1991 ursprünglich jenen Flug der Lauda-Air von Bangkok nach Wien buchen, der für die Passagiere aufgrund einer fehlerhaften Schubumkehr mit einem Absturz endete. Da sie erfahren hatten, dass ihr Sohn genau zu diesem Zeitpunkt seine Matura haben würde, buchten sie kurz entschlossen um. Im Einser-Programm wäre man versucht zu sagen, welch ein Glück, welch ein Zufall. Im Zweier-Programm waren beide Seelen noch nicht bereit zu gehen und leben heute noch. Zwei andere Passagiere, die in derselben Stadt wie das Ärztepaar gelebt hatten, saßen jedoch in jenem Flugzeug und kamen ums Leben.

>>Den Lebensplan erfüllt haben<<

Seelen, die alles, was sie sich an Lernaufgaben und Begegnungen mit anderen Menschen vorgenommen hatten, erfüllt haben, können entscheiden zu gehen oder zu bleiben. Die meisten entscheiden sich für das Hinüberwechseln in die andere Ebene, da sie von der Geistigen Ebene aus den Menschen noch dienlicher sein können als von der irdischen Ebene aus.

>>In einer Sackgasse feststecken<<

Manche Menschen geraten in ihrem irdischen Leben in eine Sackgasse, aus der sie aus Bequemlichkeit oder scheinbaren äußeren Zwängen oder so genannten Vernunftgründen nicht mehr herauskommen. Sie sitzen dort fest, fühlen sich eigentlich nicht wohl, und können weder vor noch zurück. Eine Änderung ihrer Situation wäre für sie unangenehm und mit großen Veränderungen ihrer Lebensumstände verbunden. Lieber erfüllen sie die Erwartungshaltung anderer Menschen, gehen ihren Pflichten nach, unterliegen eigenen Fixierungen und Zwängen und schaffen es nicht, alte Gewohnheiten aufzugeben, um ihren Lebensplan zu leben, Zugang zur Geistigen Welt zu suchen oder sich persönlich oder spirituell weiter zu entwickeln.

Menschen, die ernsthaft auf der Suche nach ihrem Lebensplan sind, könnten beispielsweise durch seriöse Astrologie ihre selbst gewählten Lernaufgaben und ihren eigentlichen Lebensplan kennen lernen. Dadurch hätten sie die Chance, ihre festgefahrene Situation zu realisieren, zu verändern und aus eigener Kraft oder mit qualifizierter Hilfe anderer eine Kurskorrektur in ihrem Leben einzuleiten, um aus der Sackgasse herauszukommen.

Jede Seele führt den Menschen immer wieder in Situationen, die Hinweise darauf geben, dass er von seinem Lebensplan weit abgekommen ist. Die Engelwelt, die mit der Menschenseele eng zusammen arbeitet, arrangiert zahlreiche zwischenmenschliche Begegnungen bzw. Spiegelungen durch andere Menschen, Verluste, Krankheiten oder so genannte „Schicksalsschläge“ und schafft so ein Lernfeld für den jeweiligen Menschen.

Es obliegt jedoch wiederum dem freien Willen jedes Einzelnen, ob die Lernsituationen erkannt, verdrängt oder angenommen werden. Kein Mensch steckt in einer Sackgasse ohne dies zu spüren.

Meist werden altbekannte und bewährte Register gezogen, wie beispielsweise Verdrängen, Wegschauen, Stark-Sein-Müssen oder sich Aufopfern, sobald unangenehme Situationen auftauchen.

Eine ehemalige Klientin, die ausschließlich im Einser-Programm unterwegs war, bezeichnete sich selbst als jahrelang unzufriedene, mürrische und nörgelnde Person. Sie hatte einen guten Mann und zwei Kinder, doch sie war unzufrieden und beneidete alle anderen Menschen um deren Leben. Plötzlich und unerwartet verlor sie über Nacht ihre beiden Kinder durch einen Verkehrsunfall. Daran ging sie seelisch beinahe zugrunde. Sie trauerte sehr lange, haderte mit Gott und ihrem Schicksal und wurde depressiv. Eines Tages nahm sie all ihre Kraft zusammen und suchte Hilfe, die sie bei mehreren Alternativtherapeuten fand. Durch deren Arbeit entdeckte sie das „Zweier-Programm“ und konnte dadurch leichter akzeptieren, dass sie in eine Sackgasse geraten war, aus der sie schleunigst wieder heraus musste, wenn sie nicht noch schwerer erkranken wollte. Heute ist sie dankbar für die spirituelle Entwicklung, die der Tod ihrer Kinder letztendlich in ihr ausgelöst hatte. Ihre Nachbarin, die ebenfalls ein Kind durch einen Unfall verloren hatte, blieb in ihrer Trauer stecken. Sie konnte nicht annehmen, dass der Tod ihres Kindes einen tieferen Sinn und eine Chance für eine Neuorientierung beinhaltete. Sie grollte jahrelang Gott und dem Schicksal, die ihr das Kind genommen hatten. Meine Klientin versuchte ihr zu erklären, dass der schwere Verlust eine Möglichkeit für eine Neuausrichtung ihres Denkens sei, doch umsonst. Ihr Groll, den sie schließlich in Form von Krebs gegen sich selbst richtete, führte sie letztendlich in den frühzeitigen Tod.

Ein weiteres Beispiel in diesem Zusammenhang bietet eine andere ehemalige Klientin. Sie war beruflich und gesellschaftlich sehr angesehen, sehr religiös, hochsensibel und empfindsam, gleichzeitig aber sehr ehrgeizig und kopflastig. Sie hörte nur auf ihren

Verstand und unterdrückte ihre spirituelle Seite, die sich immer lauter in ihr meldete, um sie privat oder beruflich einzusetzen. Sie geriet mehr und mehr in eine Sackgasse. Verschiedene Lebensumstände wiesen sehr stark darauf hin, dass eine Kurskorrektur dringend nötig gewesen wäre. Da sie sich gegen ihren spirituellen Lebensauftrag wehrte, suchte ihre Seele nach einem Korrektiv in Form einer Krankheit. Diese bekämpfte sie mit allen Mitteln der Schulmedizin, ohne ein einziges Mal zu hinterfragen, was der tiefere Sinn ihrer Krankheit sei. Da sie zu diesem Zeitpunkt erst Mitte Vierzig war, „wusste" ihre Seele, dass sie - statistisch gesehen - noch dreißig bis vierzig Jahre in dieser Sackgasse verharren würde. Deshalb suchte sie nach einem Ausstieg, den sie in den Todesfolgen ihrer schweren Erkrankung fand. Dadurch bekam ihre Seele vorzeitig die Chance, in der Geistigen Ebene zu erkennen, was sie im abgelaufenen Erdenleben verabsäumt hatte, und erhielt dadurch die Chance, früher als ursprünglich vorgesehen wieder zu inkarnieren und die verabsäumten Lernprozesse nachzuholen. Dadurch blieb ihr auf der irdischen Ebene ein jahrzehntelanges Verharren in ihrer Sackgasse erspart.

Dies ist jedoch nicht als Bestrafung, Be- oder Verurteilung durch die Geistige Welt zu bewerten, denn eine Be- und Verurteilung von verabsäumten Lernerfahrungen erfolgen nur durch die jeweilige Seele selbst.

>>Lernprozess für andere<<

Es gibt Seelen, die mit dem Willen und der Absicht inkarnieren, für eine oft nur kurze Zeit das Erdenleben zu durchlaufen und frühzeitig aus diesem wieder auszusteigen. Sie geben dadurch ihrem Umfeld die Chance, sich rascher und intensiver spirituell und persönlich weiter zu entwickeln, als sie es ohne einen tragischen

Umstand geschafft hätten. Vielfach steigen diese Seelen bereits als Kinder oder Jugendliche aus dem irdischen Leben wieder aus. Sie verlassen frühzeitig ihre irdischen Familien, mit denen sie auf der Seelenebene oder karmisch eng verbunden sind, und stellen sich für deren persönliches und spirituelles Wachstum „zur Verfügung".

Ein junger Mann, Anfang Zwanzig, studierte Sportwissenschaften, als er im Jahre 2000 dem Seilbahnunglück am Kitzsteinhorn knapp entging. Sein Freund hatte an jenem Unglücksmorgen verschlafen, wodurch sie den „Todeszug" um Haaresbreite verpasst hatten. War es Glück, Zufall oder Schicksal? Seinen Angehörigen erschien es zunächst natürlich als Glück. Als er jedoch ein halbes Jahr später während einer scheinbar harmlosen Untersuchung an Herzversagen starb, wurde klar, dass sein Tod nicht aufzuhalten gewesen war. Durch die Tragik seines Todesumstandes sahen sich viele Menschen aus seinem persönlichen Umfeld plötzlich mit dem „Zweier-Programm" konfrontiert und stiegen in einen (spirituellen) Lernprozess ein, den sie in dieser Form ohne sein Ableben nicht geschafft hätten. Parallel dazu lässt sich aus diesem Fall ableiten, dass die Seele seines Freundes noch nicht für eine Rückkehr in die Geistige Welt bereit war, da beide jungen Männer ansonsten mit hoher Wahrscheinlichkeit in dem Zug gesessen wären. Im Nachhinein lässt sich durch diese „Beinahe-Todessituation" erkennen, dass die Seele des jungen Mannes bereits über einen geraumen Zeitraum nach einem Ausstieg aus dem Erdenleben gesucht hatte.

Hintergründe und Ursachen von Katastrophen und Massenschicksalen

Katastrophen und Massenschicksale sind Ereignisse, die viele Menschen aufgrund ihrer begrenzten Wahrnehmung im Einser-

Programm auf ein tragisches Schicksal oder auf einen ungerechten Gott zurückführen. Oder sie sind sprachlos über die Ungerechtigkeit, die manche Menschen scheinbar zusammenhanglos überfällt.

Zunächst möchte ich darauf hinweisen, dass alle Situationen, bei denen Menschen oder andere Lebewesen zu Schaden oder zu Tode kommen, immer schrecklich oder bedauernswert sind. Wie tief betroffen ist man von den Katastrophenbildern, die über die Bildschirme unserer Wohlstandsgesellschaft ins abendliche Wohnzimmer flimmern. Da fällt es schon sehr schwer, einen höheren Sinn oder ein Geistiges Gesetz zu erkennen, wenn man mit dem menschlichen Elend ganzer Bevölkerungsgruppen konfrontiert wird.

Wirft man dennoch einen Blick ins „Zweier-Programm", kann man mehrere Aspekte oder Ursachen erkennen, warum immer wieder Menschen in Massensterben oder kollektive Katastrophen verwickelt sind. Die wichtigsten sind:

- Programmierung und negatives Denken
- Ausstieg aus dem Leben und
- Karmische Erfüllung.

Programmierung und negatives Denken

Menschen, die immer wieder negativ denken oder zwanghaft in ihren Ängsten leben, ohne dass sie diese aufarbeiten und sich daraus befreien, kreieren ihr „Schicksal" auf negative Art und Weise. Dabei kommt wieder das Geistige Gesetz von „Ursache und Wirkung" zum Tragen. Sie visualisieren im Negativen das, was sie letztendlich scheitern, erkranken oder gar sterben lässt, und in manchen Fällen finden ihre Visionen eine tragische Erfüllung in Katastrophen oder einem kollektiven Wechsel in die andere Ebene.

>>Ausstieg aus dem Leben<<

Ein weiterer Aspekt kann der Wunsch einer Seele sein, ihr Erdenleben zu beenden, wie dies bereits auf den vorangehenden Seiten beschrieben wurde. Sie sucht nach einer Gelegenheit, aus dem Leben auszusteigen und ist zur entsprechenden Zeit am entsprechenden Ort, um alleine oder gemeinsam mit anderen unter oft tragischen Umständen ihr Leben zu beenden.

>>Karmische Erfüllung<<

Eine weit verbreitete Ursache für Massensterben oder das Erleiden von Katastrophen ist die Erlösung von Karma. In diesem Fall spricht man von Gruppen- oder Massenkarma. Auf der unbewussten Ebene treffen sich bestimmte Menschen, die diesen Gruppen zugehören, um gemeinsam mit anderen ihr Karma - entsprechend dem Fische-Zeitalter - in Form von Leiden oder Tod zu erlösen. Dies mag Ihnen, liebe Leserin, lieber Leser, als grausam, unmenschlich oder hartherzig erscheinen. Aber Leiden und Tod sind in vielen Fällen immer noch die einzige Möglichkeit, um etwas aufzulösen oder zu erfüllen. Jede Menschenseele durchläuft alle Stadien menschlicher Schicksale. Jeder von Ihnen war in früheren Inkarnationen arm und reich, gesund und krank, Opfer und Täter. Die menschliche Seele ist als Bewusstseinsfunke in die Dualität gegangen, um genau dies zu lernen, bevor sie eines Tages wieder in die Einheit, in die Quelle oder zu Gott zurückkehren wird.

Die spirituellen Phasen im Sterbeprozess

Spirituelle Sterbebegleitung setzt voraus, dass der Sterbeprozess von einer ganzheitlichen Sichtweise aus betrachtet wird. Nur so wird klar erkennbar, wie sich Sterben im Krankenhaus, zwischen Apparaten und gestresstem Personal, von einem Sterbeprozess unterscheidet, der von spirituellen oder sensitiven Menschen begleitet wird und im Idealfall in einer gewohnten oder vertrauten Umgebung vor sich geht.

Die im Folgenden beschriebenen Sterbephasen sollen verdeutlichen, dass in diesen wichtigen Lebensabschnitten besonders intensiv auf positive Energien rund um den Sterbenden zu achten ist. Ätherische Öle, Klänge, Mantras, Gebete, Massagen und ähnliches mehr können den Sterbevorgang auf eine sehr positive Weise unterstützen. Ebenso die hoch schwingenden Energien der Engelsymbole, Engelessenzen und Engelöle.

Beobachtungen und Erfahrungen über die einzelnen Abschnitte im Sterbeprozess, die bereits die alten Tibeter in ihren Totenbüchern (20) niederschrieben, haben bis heute nichts an Gültigkeit verloren. So kann man nachlesen, dass der Tod ein Prozess sei, der sich in sechs Stufen zergliedern lässt. Jeder Sterbende durchlebt diese Abschnitte, wobei es wichtig zu wissen ist, dass diese Phasen nicht gleich lang, sondern von sehr unterschiedlicher Länge sein können. Außerdem wurde beobachtet, dass manche Menschen - gerade in den ersten Wandlungsphasen - von einer zur anderen hin- und wieder zurück pendeln und diese nicht linear durchlaufen. Menschen, die von Nahtoderlebnissen berichteten, nachdem sie wieder ins Leben zurückgekehrt waren, um dort noch einmal für

(20) Rinpoche, Sogyal: Das tibetische Buch vom Leben und Sterben. Frankfurt 2004

Monate, Jahre oder Jahrzehnte weiter zu leben, sind maximal bis in die zweite Wandlungsphase des Sterbeprozesses vorgedrungen.

>>Die erste Wandlungs- oder Sterbephase<<

Körperliche Ebene

In der ersten Phase der Exkarnation (ex carne = lat., aus dem Fleisch heraus) beginnt die Waage zwischen Leben und Tod zu schwingen. Eine erste, sanfte Lockerung zwischen dem physischen Körper und dem Ätherkörper, der Aura, tritt ein. Dies geschieht bei Schwerkranken genauso wie bei sehr alten Menschen.

Da der Patient mehr liegt als steht oder sitzt, nimmt er weniger Erdenergie durch die unteren Chakren auf, seine Erdung lässt nach. Dadurch beginnt er mehr und intensiver zu träumen. Auch Therapieresistenz, Regulationsstarre, Autismus, Wachkoma und Anzeichen von Demenzkrankheiten sind deutliche Anzeichen dieser ersten Wandlungsphase, die sich in manchen Fällen sogar über Monate oder Jahre hinziehen kann.

Gefühlsebene

Gleichzeitig ist dieser Abschnitt häufig mit Angst besetzt ist. Es ist sehr wichtig, im Sterbeprozess alle Wahrnehmungen des Patienten zu respektieren. Für ihn lüftet sich vielleicht zum ersten Mal in seinem Leben der Schleier zu anderen Dimensionen. Der Sterbende möchte sich mitteilen und - vor allem - verstanden werden. Auch wenn die Angehörigen oder Begleiter diese Wahrnehmungen oft nicht nachvollziehen können, ist es wichtig zu wissen und zu akzeptieren, dass es sie gibt. Einige Patienten fühlen sich in diesem Übergang zwischen Leben und Sterben wiederum recht wohl. Viele von ihnen werden rundum versorgt, brauchen sich mit Entscheidungen nicht mehr herum zu schlagen und auch keine Verantwortung mehr für ihr Leben zu tragen.

In der ersten Wandlungsphase hat der Mensch die Möglichkeit, wieder ins Leben zurück zu kehren. Er hat die Wahl, sich für das Leben oder für das Sterben zu entscheiden. Die Erfahrung zeigt, dass sogar Schwerkranke oder sehr alte Menschen, die kurz vor dem Übergang standen, wieder ins Leben zurückkehrten. Gestärkt mit der exkarnierenden Kraft scheinen sie unsichtbare Kräfte in sich zu tragen und setzen nicht selten damit ihr Umfeld in großes Erstaunen.

Hilfestellung mit Engelessenzen

siehe auch Kapitel 09

Während in der Schulmedizin ab der ersten Wandlungsphase Kampfgeist angesagt ist, gibt es Hilfsmittel, die nicht das Ziel haben, den Tod zu bekämpfen, sondern den Blick nach innen zu richten, der inneren Stimme zu vertrauen und sich zu entscheiden. Da sich der physische Körper mehr und mehr „lockert" und es zu einer ersten „Umverlagerung" in den ätherischen Körper kommt, sprechen Menschen in diesem Lebensabschnitt besonders gut auf hoch schwingende Hilfsmittel, beispielsweise auf Engelessenzen, an.

Da Engelessenzen auf wesentlich höheren Ebenen als auf der physischen Ebene wirken, müssen sie nicht eingenommen werden. Sie können am Körper aufgetropft werden und wirken schon, wenn sie nur auf die Stirn, Handgelenke oder Fußsohlen gerieben oder in die Nähe des Sterbenden gestellt werden.

Für die erste Wandlungs- oder Sterbephase würden sich beispielsweise folgende Essenzen als feinstoffliche Unterstützung eignen:

- Engelessenzen No. 26 / „Engel für Erneuerung und Entwicklung“
- Aura-Essenz „Erzengel Uriel“

Als weitere energetische Unterstützung zu dieser Wandlungs- oder Sterbephase empfiehlt sich der Engelsymbol-Kreis von Seite 213.

>>Die zweite Wandlungs- oder Sterbephase<<

Körperliche Ebene

Der Sog in Richtung Exkarnation wird stärker. Doch in dieser Sterbephase kann sich der Mensch noch immer für die Rückkehr ins Leben entscheiden.

Der physische Körper lockert sich in der zweiten Wandlungsphase noch stärker vom feinstofflichen Körper als in der ersten. Er löst sich dabei nicht nur vom Ätherkörper sondern auch vom Emotionalkörper. Dabei kann es zu elektromagnetischen Entladungen in der Aura kommen. Diese können akustische Phänomene erzeugen, die jedoch nur vom Patienten selbst wahrgenommen werden. Wenn dabei der Sterbende zu jammern oder zu stöhnen beginnt, ist das eigentlich als positives Zeichen zu verstehen, auch wenn es einen anderen Eindruck auf die Umstehenden macht. Denn das Jammern und Stöhnen erleichtert die Ablösung des elektromagnetischen Feldes vom Körper. So gesehen gibt es keinen Grund, in Panik oder Hysterie zu geraten, wie dies meist der Fall ist, da Jammern oder Stöhnen als Erleichterung und nicht als Schmerzen zu verstehen sind. Wissen dies Begleiter oder Betreuer jedoch nicht, kann diese Situation für den Betroffenen sehr unangenehm sein, da er wahrscheinlich falsch behandelt wird.

Die zweite Wandlungsphase wird auch häufig von Abmagerung durch Nahrungsverweigerung, zeitweiser Bewusstlosigkeit und Todesangst begleitet. Der Mensch ist in dieser Phase meist schreckhafter als sonst, weil seine Sinneswahrnehmungen überscharf werden und alle Geräusche oder Bewegungen unangenehm auf ihn einwirken. Daran sollte man auch denken, bevor man Musik- oder Fernsehgeräte für eine akustische Berieselung in Kranken- oder Sterbezimmern in Betrieb nimmt.

Gefühlsebene

Dieser Abschnitt ist emotional stark betont. Vielfach werden Emotionen aufgewirbelt. Viele Menschen möchten mit sich, ihren Angehörigen oder ihrem Leben ins Reine kommen. Sie wollen in dieser Phase nicht alleine sein und fürchten, nicht mehr genügend Zeit zu haben, um emotionale bzw. persönliche Angelegenheiten zu regeln.

Die Wahrnehmung des Sterbenden verändert sich insofern, dass sich die Fähigkeit für Medialität in dieser Phase um ein Vielfaches erhöht. Viele Menschen sehen ihr Leben wie in einem Film ablaufen, hören sphärische Klänge, beschreiben ein Gefühl körperloser Existenz, das sie aber nicht mehr ängstigt, sondern eher erleichtert.

Patienten, die aus der zweiten Wandlungsphase zurückkehrten, berichteten von Begegnungen mit Verwandten, Freunden oder Helfergestalten, die sie je nach ihrem Bewusstseins- und Erfahrungsniveau im Leben als Engel, Geister oder Gespenster beschrieben. Eines der eindrucksvollsten Erlebnisse ist für den Sterbenden, dass ihm helfende Hände entgegen gestreckt werden. Es ist dabei häufig zu beobachten, dass der Sterbende dauernd in die Luft greift.

Wichtig für Angehörige oder Begleiter ist zu wissen, dass sie angstfrei mit diesen Wahrnehmungen umgehen sollten, da sich ihre Angst eins zu eins auf den Sterbenden überträgt. Da der Sterbende nicht nur seine Antennen auf das gerichtet hat, was vor ihm liegt, sondern auch intensiv und im vergrößerten Maßstab Gefühle und Gedanken um ihn herum wahrnimmt, übertragen sich sogar kleine Zweifel oder Ängste von Angehörigen oder Begleitern sehr stark auf den Sterbenden!

Wichtig ist auch, den Wahrnehmungen des Sterbenden zu vertrauen. Und sie nicht - wie es leider oft in Krankenhäusern geschieht - als geistige Verwirrungen abtun. Wenn sich der Patient noch mitteilen kann, erhält man in vielen Fällen höchst wertvolle Hinweise auf die dynamischen Gesetze des Sterbens.

Morphine sollten nicht zu früh verabreicht werden, weil sich der Sterbende dann nicht mehr ausdrücken kann. Seine Sinnesorgane werden lahm gelegt, doch das Bewusstsein darunter ist klar und rege und leidet entsetzlich, wenn der gewohnte verbale Kontakt unterbrochen wird.

Hilfestellung mit Engelessenzen

siehe auch Kapitel 09

Engelessenz No. 04 - Engel für Reinheit und Klarheit: Diese Essenz kann hilfreich sein, um sich klar darüber zu werden, wohin der Weg führen soll. Zurück ins Leben oder hinüber in die andere Dimension. Gleichzeitig reinigt diese Essenz sehr stark den Mentalkörper, aber auch die anderen Auraschichten und Chakren des Menschen. Empfehlenswert ist es, 2 x 5 Tropfen täglich dem Sterbenden auf die Stirn, die Handflächen oder die Fußsohlen aufzutropfen und sanft einzumassieren. Man kann die Engelessenz auch auf die Übertragungskarte (siehe Seite 226) oder auf ein Foto des Sterbenden stellen, falls man ihn nicht direkt begleiten kann.

- Engel-Aura-Essenz „Erzengel Michael“:

Diese Essenz wird über den Kopf und den Körper des Sterbenden gesprüht. Erzengel Michael verleiht Schutz, Ruhe, Gelassenheit und Sicherheit.

- Engel-Aura-Essenz „Energetische Abgrenzung“:

Angehörige und Begleiter brauchen einen besonders starken energetischen Schutz, da im Sterbeprozess vom Betroffenen sehr viel Energie verbraucht wird. Diese holt sich der Sterbende völlig unbewusst aus der Aura seiner Begleiter. Diese Essenz kann mehrmals täglich über den Kopf in die eigene Aura gesprüht werden. Als energetische Unterstützung zu dieser Wandlungs- oder Sterbephase empfiehlt sich der Engelsymbol-Kreis von Seite 214.

Den folgenden Bericht erhielt ich von Marlene Damblon aus Aachen:

Mein Vater wurde im Juli 2002 wegen einer Blasensteinentfernung ins Aachener Klinikum eingewiesen. Zu diesem Zeitpunkt litt er schon seit ca. 2 Jahren, nach einer Gehirnblutung, an zunehmender Vergesslichkeit. Die OP verlief gut, doch noch am gleichen Abend erlitt mein Vater aufgrund einer Elektrolytentgleisung einen epileptischen Anfall. Er aspirierte (unter anderem atmete er Erbrochenes in die Lunge ein) und wurde daraufhin in ein künstliches Koma versetzt. Es war die Zeit, in der ich anfing mit den Engelsymbol-Karten zu arbeiten. Die Ärzte und das Pflegepersonal der Intensivstation waren sehr kooperativ. Ich durfte meinen Vater so oft und so lange besuchen, wie ich wollte. In dieser Zeit habe ich sehr intensiv mit den Karten gearbeitet. Vor jedem Besuch zog ich 3 Karten, die ich auf die angegebenen Chakren legte. Es waren fast immer Erzengelkarten, Karten für Karmaerlösung und Neuanfang.

Bei einem Besuch bemerkte ich, dass sich viele Emotionen

in meinem Vater gelöst hatten. Er weinte heftig, obwohl er im Koma lag. Ich fragte das Pflegepersonal, ob dies möglich sei. Sie verneinten, kamen aber doch mit zu meinem Vater, um sich selber davon zu überzeugen. Die Schwestern waren sehr erstaunt und meinten, so etwas hätten sie noch nicht erlebt. Während der schweren Zeit auf der Intensivstation spürte ich sehr stark die Anwesenheit der Engel. Sie waren mir eine große Unterstützung.

Nach dem Klinkaufenthalt litt mein Vater ein halbes Jahr unter einer teilweisen Amnesie und Halluzinationen, und es vollzog sich eine starke Wesensveränderung in ihm. Medizinische Hilfe lehnte er zum damaligen Zeitpunkt strikt ab. Auch ich hatte kaum noch Zugang zu ihm. Während eines Psychiatrieaufenthaltes reinigte ich ihn und mich aber täglich mit den Aura-Essenzen „Energetische Reinigung“ und „Erzengel Gabriel“. Sein Zustand verbesserte sich und er konnte entlassen werden.

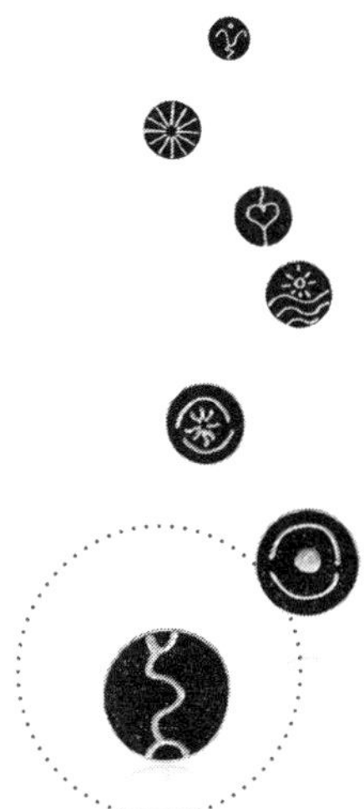

Die Wesensveränderung blieb jedoch bestehen. Eines Tages erschienen die Engel-Therapie-Symbole (21) No. 59 | Sterbebegleitung immer wieder vor meinem geistigen Auge. Diese Symbole haben mich von Anfang an sehr angesprochen. Ich finde sie wunderschön, sie haben mir nie Angst gemacht, da es bei ihnen ja auch um Neuanfang geht. Ich legte alle 7 Therapiesymbole auf ein Foto meines Vaters und wartete gespannt ab. Ich durfte dieses tun, da mein Vater mir vor Jahren die Vollmacht gegeben hatte, im schweren Krankheitsfall für ihn zu entscheiden. Nach 2 Tagen bemerkte ich eine kleine Veränderung. Mein Vater, der zum damaligen Zeitpunkt kaum allgemeines Interesse zeigte, beteiligte sich erstmals wieder an einem Gespräch. So ganz mochte ich es noch nicht glauben, dass dies auf den Einsatz der Engelsymbole zurückzuführen war.

(21) Engel-Therapie-Symbole: siehe Glossar

Ich wartete noch 3 Tage ab, dann sprach ich meinen Mann und meinen Bruder auf den Zustand und das Verhalten meines Vaters an. Auch ihnen war aufgefallen, dass mein Vater sich positiv verändert hatte. Von Tag zu Tag traten seine positiven Charaktereigenschaften mehr und mehr zu Tage.

Dies ist jetzt 6 Wochen her. Die Vergesslichkeit von aktuellen Dingen ist geblieben, aber mein Vater lebt im Moment ein zufriedenes und ausgeglichenes Leben. Er erkennt seine Enkel wieder, liest und diskutiert wieder über Politik und die Welt und zeigt Interesse am Leben. Die Ärzte können sich die Veränderungen meines Vaters nicht erklären. Meine Erklärungen können sie leider noch nicht zulassen. Sie belächeln sie wohlwollend.

Die Engel-Therapie-Symbole No. 59 liegen weiterhin auf dem Foto. Sie werden dort auch liegen bleiben. Ich bin den Engeln sehr dankbar.

(Anmerkung: Marlenes Vater lebt heute, fünf Jahre danach, selbstständig in seiner eigenen Wohnung. Er lehnt die Einnahme jeglicher Medikamente strikt ab und macht keine Arztbesuche mehr. Er zeigt sich sehr interessiert am weltpolitischen Tagesgeschehen, wirkt sehr zufrieden und entspannt und blickt seinem Lebensende gelassen entgegen. Der Engel-Symbol-Kreis, den seine Tochter im Jahr 2002 für ihn gelegt hat, liegt übrigens heute noch.)

>>Die dritte Wandlungs- oder Sterbephase<<

Körperliche Ebene

Viele Sterbende setzen in dieser Wandlungsphase unter großem Aufwand all ihre physischen Kraftreserven ein. Oft zeigt sich dies durch ein letztes Aufblühen. Es gibt Menschen, die dem Tod bereits sehr nahe stehen, und dennoch das Krankenhaus oder Sterbezimmer ein letztes Mal verlassen, um noch einige Monate weiter zu leben. Dies nennt man das „Lazarus-Phänomen".

In der dritten Wandlungsphase nehmen die Patienten normalerweise keine feste Nahrung mehr zu sich, und der Körper verwertet seine letzten Fett- und Eiweißdepots.

Neben dem scheinbaren Aufblühen gibt es noch ein weiteres typisches Zeichen für diesen Sterbeabschnitt: Die Augen. Sie sind auffällig glänzend, haben einen unveränderten Ausdruck und schauen oft stundenlang unbewegt in eine andere Dimension.

Gefühlsebene

Visionen und alle möglichen hellsichtigen Wahrnehmungen sind typisch für die dritte Wandlungsphase und können den Sterbenden sehr stark ängstigen. Er fühlt sich bedrängt und empfindet die Nähe zur anderen Welt noch als bedrohlich.

In dieser Phase hat der Mensch die letzte Chance, in seinem Leben Dinge zu ordnen, sich einen sehnlichen Wunsch zu erfüllen, oder noch einmal etwas zu erleben, das ihm sehr viel bedeutet.

Ist der Sterbende jedoch mit sich schon ins Reine gekommen, muss und will er nicht mehr in die physische Welt zurück. Damit beginnt im Sterbeprozess das anstrengende Abschütteln des materiellen Leibes. Dies kann sich durch heftige Schüttelkrämpfe, Aufbäumen oder Schreien zeigen oder auch ganz sanft erfolgen. Vielfach wird dieses Schreien fälschlicherweise als Schmerzen interpretiert, und der Sterbende wird mit schweren Medikamenten „beruhigt". Das hat zur Folge, dass er sich nicht mehr mitteilen kann und sich entmündigt fühlt. Das ist das Furchtbarste, was man einem sterbenden Menschen antun kann. Auch wenn er sich nicht mehr verbal ausdrücken kann, sollte man mit ihm sprechen und ihm signalisieren, dass er verstanden und angenommen wird.

Wichtig wäre, dass die Angehörigen und Begleiter keine Ängste auf den Sterbenden übertragen. Meist haben sie jedoch größere Probleme mit dieser Sterbephase als der Sterbende selbst. Dabei wäre es äußerst wichtig, dem Sterbenden Verständnis für sein Verhalten und seine Situation zu signalisieren.

Hilfestellung mit Engelessenzen siehe auch Kapitel 09

- Engel-Kombi-Essenz No. 59 / Ismael: Energetische Unterstützung für Sterbende und Angehörige im Sterbeprozess
- Engel-Aura-Essenz „Erzengel Michael": Dieser Erzengel verleiht Schutz, Ruhe, Geborgenheit und Sicherheit.

Als energetische Unterstützung zu dieser Wandlungs- oder Sterbephase empfiehlt sich der Engelsymbol-Kreis von Seite 215.

>>Die vierte Wandlungs- oder Sterbephase<<

Körperliche Ebene

Der Körper des Sterbenden fühlt sich trocken an und wird immer empfindungsloser. Alles zieht sich zusammen, der Körper schrumpft und wird erstmals völlig unwichtig. Die Seele hat sich nun eindeutig für den Tod entschieden, es gibt kein Zurück mehr. Der Sterbende wächst in die andere Dimension hinein.

In den letzten Atemzügen wird das Ausatmen deutlich länger, aber auch die Pausen vor dem nächsten Einatmen dauern länger an. Vielfach hechelt der Sterbende auch. Nur in Ausnahmefällen kann der Sterbende noch sprechen und zeigt große Bereitschaft, in die andere Dimension hinüber zu gehen. Das Bedürfnis, mit Angehörigen oder Begleitern zu kommunizieren, verebbt allmählich. Seine Sinne sind nun auf die körperlose Dimension ausgerichtet.

Dennoch ist zu spüren, dass der Sterbende seine Körperhülle noch nicht ganz verlassen hat. Seine Seele ist in dieser Wandlungsphase jedoch schon überwiegend in seinem Energiekörper und schwebt über dem physischen Leib. Durch die erhöhte Energie im Sterbezimmer kommt es häufig zu medialen Wahrnehmungen der begleitenden Personen.

In der vierten Wandlungsphase ist keine medizinische Behandlung mehr nötig. Die Entscheidung ist gefallen. Der Sterbende löst sich nun endgültig von seinem physischen Leib und geht vollkommen in die körperlose Dimension hinüber. Der Ablösungsprozess braucht seine Zeit und ist noch längst nicht abgeschlossen, wenn ein Stillstand von Herz, Atem und Gehirnfunktionen eingetreten sind. Die Zellatmung und die letzten Schwingungen in den Meridianen verbinden bis zuletzt den physischen Körper mit den Energiekörpern, der Aura. Deshalb ist es sehr wichtig, den Sterbenden zu diesem Zeitpunkt noch nicht ins Kühlhaus abtransportieren zu lassen. Ein oder zwei Stunden sind mindestens erforderlich, um die letzten Schritte der Ablösung in Ruhe geschehen zu lassen. Wenn man den Eindruck hat, der Sterbende benötige eine weitere Unterstützung, um den Körper leichter zu verlassen, kann man auch in dieser Sterbephase noch Engelessenzen einsetzen.

Gefühlsebene

Für den Sterbenden ist Ruhe äußerst wichtig, darum sollte man verstärkt den Angehörigen im eventuellen Loslösungsschmerz beistehen. Diese Ruhe ist deshalb so wichtig, weil energetisch viel geschieht und der Sterbende dies zum ersten Mal bewusst erlebt und die Sicherheit braucht, dass alles in Ordnung ist.

Zwischen dem Sterbenden und einem Begleiter kann es in der vierten Wandlungsphase zu einer Annäherung des Bewusstseinszustandes kommen. Oft haben Sterbebegleiter in dieser Situation mediale Wahrnehmungen, sehen farbige Wolkenschleier oder sogar den Ätherleib des Sterbenden als Person im Raum. Dieses Phänomen taucht öfter auf als vermutet wird. Der Sterbende braucht bis nach dem Tod die Gewissheit, dass er verstanden und noch ein Stück des Weges begleitet wird. Medial veranlagte Menschen können erfühlen, was der Verstorbene noch braucht.

Wenn man mit energetischen Testmitteln, wie Pendel, Biotensor oder auch dem Kinesiologischen Muskeltest vertraut ist, kann man mittels dieser Testmethoden erfahren, welche Bedürfnisse der Sterbende (noch) hat. Das erfordert jedoch große Routine und Sicherheit im Umgang mit diesen Methoden und ist - da die eigene emotionale Belastung in dieser Situation sehr groß ist - nicht immer Ziel führend, da in Extremsituationen oft falsch getestet wird. In diesem Fall sollte man sich jemanden zu Hilfe holen, der sich emotional aus der Situation ein wenig heraushalten kann und dadurch neutraler testet.

Hilfestellung mit Engelessenzen

siehe auch Kapitel 09

Für den Sterbenden

- Engel-Kombi-Essenz / -Öl No. 59 / ISMAEL: Unterstützt das Loslassen und den Übergang auf der energetischen Ebene.

- Engel-Aura-Essenz „Erzengel Michael“: Engelenergie für Schutz, Sicherheit, Geborgenheit und gutes Geleit

Für den Begleiter

- Engelessenz No. 36 „Engel für Loslassen“: Energetische Unterstützung für Angehörige und Begleiter im Loslass-Prozess.
- Engel-Aura-Essenz „Erzengel Uriel“: Stärkt die Aura und kann Kraft, Mut und Zuversicht geben.

Als energetische Unterstützung zu dieser Wandlungs- oder Sterbephase empfiehlt sich der Engelsymbol-Kreis von Seite 216.

>>Die fünfte Wandlungs- oder Sterbephase<<

In den Tibetischen Totenbüchern steht geschrieben, dass es noch eine Weile nach dem letzten Atemzug braucht, bis auch der „innere Atem“ zum Stillstand kommt. Der ausklingende Prozess der Zellatmung ermöglicht erst die vollkommene Trennung zwischen dem physischen Körper und den Energiekörpern, der Aura.

Allerdings kann es vorkommen, dass im Körper noch recht lange ein Fünkchen an Lebensenergie vorhanden ist, und zwar dann, wenn ein Verstorbener nicht loslassen kann. Der Mensch verlässt seinen Körper und kehrt immer wieder in ihn zurück, wie bei einer langsamen Wellenbewegung. Die fünfte Wandlungsphase ist erst dann abgeschlossen, wenn der letzte Kontakt zur Physis beendet ist.

Nachdem der physische Kreislauf zu fließen aufgehört hat, dauert der Energiefluss in den Meridianen noch eine Weile an. Zuerst versiegt die Energie der Meridiane von Magen, Dünn- und

Dickdarm, Gallenblase, Blase, danach die Energie der Meridiane von Herz, Niere, Leber und Lunge.

In manchen Fällen wird von einem angenehmen Gefühl der Nähe berichtet, die zwischen den Hinterbliebenen und dem Verstorbenen zu spüren ist: Ein Ineinandergreifen der irdischen Dimension in die Dimension des Verstorbenen. Damit fällt es den Menschen leichter Abschied zu nehmen. Hellsichtige Menschen können den Energiekörper des Verstorbenen wahrnehmen, der manchmal in der Nähe des aufgebahrten Körpers schwingt und so gerne Botschaften des Trostes, der Freude und der Erlösung mitteilen würde.

Die darauf folgende „Totenwache" sollte nach dem Tibetischen Totenbuch mindestens sieben Tage dauern, im Idealfall mindestens 13 Tage, wenn man sicher gehen möchte, dass die Seele den Körper zu 100 Prozent verlassen hat. Das heißt, eine Feuerbestattung oder eine Beerdigung sollte frühestens nach dieser Zeitspanne vonstatten gehen.

Nun stellt man sich die Frage, wohin die Seele, die „Lebensenergie" entschwindet. Sie geht dorthin zurück, woher sie gekommen ist. In den Kosmos, ins Universum, in die Geistige Ebene, wie immer Sie dies benennen möchten. In der klassischen Physik gibt es den so genannten „Energieerhaltungssatz", der in etwa besagt: „Es ist unmöglich, innerhalb eines geschlossenen Systems Energie zu erzeugen oder zu vernichten. Energie ist damit eine Erhaltungsgröße". Das gilt auch für die universelle Energie und damit auch für die Seele eines Menschen.

Die Vorstellung von einer diesseitigen Dimension ist übrigens nicht ganz richtig, da alle Ebenen des Seins gleichzeitig und parallel existieren. Die jenseitige Welt besteht also inmitten der diesseitigen Welt, nur auf einer höheren Schwingungsebene.

Es ist allgemein bekannt, dass beispielsweise Hunde oder Delphine Frequenzen wahrnehmen, die der Mensch längst nicht mehr hört oder spürt. Mit Hilfe der Technik lassen sich hochfrequente Schwingungen noch messen, doch bei weitem nicht alle. Dies beweist, dass bestimmte hohe Frequenzen existieren, auch wenn der Mensch sie nicht wahrnehmen kann.

Hilfestellung mit Engelessenzen siehe auch Kapietel 09

Für den Verstorbenen

- Engel-Aura-Essenz „Erzengel Zadkiel“: Über den Körper gesprüht, erleichtert sie den Übergang und das Annehmen einer körperlosen Existenz und unterstützt den Transformationsprozess der Seele. Da die Engelessenzen eine sehr hohe Schwingung haben, können sie den Verstorbenen weit in die andere Ebene hinein begleiten.

Für die Hinterbliebenen

- Engel-Kombi-Essenz / -Öl No. 02 / Nanael / Seelische Engel- Notfall-Essenz / -Öl: Für die ersten Stunden und Tage nach dem Tod können Essenz oder Öl eine starke energetische Unterstützung in dieser schwierigen Situation darstellen (siehe auch „Erste Trauerphase“).
- Engel-Aura-Essenz „Erzengel Zadkiel“: Die Energie dieses Engels unterstützt und begleitet im Trauerprozess und im Loslassen.

Als energetische Unterstützung zu dieser Wandlungs- oder Sterbephase empfiehlt sich der Engelsymbol-Kreis von Seite 217.

>>Die sechste Wandlungs- oder Sterbephase<<

Die alten Tibeter gingen davon aus, dass die Seele nach dem physischen Tod 49 Tage benötigt, um endgültig in die andere Dimension hinüber zu wechseln. Jeder Verstorbene hat zu Lebzeiten an verschiedenen Orten und Plätzen einen Großteil seiner Zeit verbracht und dort seine Energiefelder aufgebaut. Es wird davon ausgegangen, dass der Verstorbene noch 49 Tage lang an diese Orte zurückkehren würde. Tatsache ist, dass es immer wieder Seelen gibt, die in der irdischen Sphäre „hängen bleiben" und sich nur sehr schwer vom Erdenleben lösen können. Man bezeichnet diese Seelen als erdgebundene oder anhaftende Seelen. Sie bleiben - meist unfreiwillig - über Jahre, Jahrzehnte oder gar Jahrhunderte in Menschen- bzw. Erdennähe. Lesen Sie mehr darüber ab Seite 112.

Jedes Jahr am 2. November wird von den Katholiken „Allerseelen" begangen. An diesem Tag wird jener „armen" Seelen gedacht, die den Weg ins Licht noch nicht gefunden haben, und für sie gebetet. Eine andere Möglichkeit ist es, die Seele mit Hilfe der Engelwelt zu unterstützen und in die andere Dimension zu begleiten.

Als energetische Unterstützung zu dieser Wandlungs- oder Sterbephase empfiehlt sich der Engelsymbol-Kreis von Seite 217.

Egal, ob die Seele problemlos in die Geistige Welt wechseln kann oder damit Schwierigkeiten hat: Es ist auf alle Fälle hilfreich - und für einen selbst auch sehr beruhigend - die Seele von der irdischen Ebene aus noch eine Weile weiter zu begleiten. Gleichzeitig ist es ein Trost zu wissen, dass es ihr auf alle Fälle besser geht als zu Lebzeiten im physischen Körper, egal ob der Verstorbene zum Zeitpunkt des Todes gesund oder krank, unglücklich oder glücklich war. Der Tod bedeutet immer ein „Heimkommen" in die Geistige Heimat.

Wenn ein Mensch seinen irdischen Körper verlässt, erinnert er sich, sobald er im Lichtkanal ist, daran, wer er wirklich ist, dass dieses Leben nur einen Ausschnitt seines Gesamtdaseins darstellt und dass es einen Ort gibt, wo er zu Hause ist. Das ist bei allen so und zwar ausnahmslos!

Diese Erinnerung kommt bei jedem! Und die Erinnerung setzt ein, bevor der Geist den Körper verlässt. Der sterbende Mensch wird während des Prozesses des Sterbens rückangebunden an die Wahrhaftigkeit seiner Seele. Er erfährt während des Sterbens, dass er eine Seele hat, und zwar unabhängig davon, ob er in seinem Leben daran geglaubt hat oder nicht.

Viele werden von ihren feinstofflichen Freunden und Verwandten schon am Totenbett abgeholt und nach Hause begleitet. Das ist die Regel, und fast alle wählen diesen Weg. (22)

Der Verstorbene steigt in der anderen Dimension meist in jene Bewusstseinsebene ein, die seiner spirituellen Entwicklung im irdischen Leben entspricht. Das bedeutet, relativ unbewusste, nicht spirituelle Menschen, die sehr im materiellen, irdischen Denken verhaftet sind, gelangen nach dem Tod auf eine nicht sehr hohe Entwicklungsebene. Sie haben jedoch die Chance, sich im Jenseits weiter zu entwickeln.

Verlässt ein Mensch seinen Körper mit einer Krankheit, beispielsweise einer Leberzirrhose, dann bleibt diese energetische

(22) Kretzschmar, Ute: Der Aufstieg der Erde 2012 in die fünfte Dimension. ISBN 3-89568-109-1. Erschienen im chfalk-Verlag, Seeon 2002; Seite 26ff

Schwäche in seinem feinstofflichen Körper als Information gespeichert. Sobald die Seele wieder inkarniert, also wieder einen neuen Körper annimmt, entscheidet sie, ob sie für den neuen Lernprozess, den sie als Mensch vor sich hat, die Leberschwäche „mitnimmt" um daraus zu lernen oder daran zu wachsen. Das erklärt, warum Ungeborene und Neugeborene manchmal schon mit körperlichen Schwächen oder ernsthaften Krankheiten zur Welt kommen.

Schuld und Sühne

Typische Attribute des Fische-Zeitalters (siehe auch Seite 149ff) sind nicht nur Armut, Leid und Ausharren in schwierigen Situationen, sondern auch die Begriffe von Schuld und Sühne. In meiner Kindheit wurden im Religionsunterricht die Bilder von Himmel, Hölle und Fegefeuer folgendermaßen vermittelt: Wir mussten Herzen zeichnen, die vor der heiligen Beichte schwarz oder schwarz gefleckt, und nach der Beichte wieder strahlend sauber und blütenrein waren. Anstatt eines liebenden Gottes gab es einen strafenden, und sicherheitshalber gingen wir im Rahmen des Religionsunterrichts regelmäßig zur Schulbeichte, damit wir ganz bestimmt in den Himmel kämen, falls wir unerwartet sterben würden. Diese Schilderungen mögen heute Anlass zum Schmunzeln geben, aber ich erinnere mich noch genau, welchen psychischen Druck diese alten, überholten Glaubensvorstellungen der katholischen Kirche in uns Kindern auslöste.

Aus diesen Kindern wurden Erwachsene, die dieses Denken vielfach noch heute als ihr Weltbild in sich tragen. Sie glauben immer noch, nur ein Priester könne sie von ihrer Schuld befreien, ihnen durch die Beichte Schuld erlassen, und der Papst würde durch seinen Segen via Bildschirm jene Sünden bereinigen, die durch die

Beichte nicht aufgelöst werden konnten.

Schuld und Schuldgefühle sind etwas sehr Subjektives. Sie entstehen aus Lernfehlern und Fehlverhalten. Zahlreiche Menschen maßen sich zu wissen an, was Schuld ist und was nicht, und bewerten und verurteilen nach ihren Maßstäben. In der Geistigen Welt gibt es jedoch keine Schuld. Es gibt lediglich die Verantwortung für Tun und Handeln, es gilt das Gesetz von Ursache und Wirkung. Wenn man das Prinzip des Karmas verstanden hat, weiß man, dass das irdische Leben nichts anderes als eine große Bühne ist, auf der man die verschiedenen Karmarollen durchleben darf. Es braucht keinen beurteilenden und strafenden Gott, weil die Seele beim Überwechseln in die Geistige Ebene (schmerzhaft) erkennen muss, wie sie sich - aus der neuen Sichtweise des „Zweier-Programms" - im Erdenleben in manchen Situationen falsch verhalten hat. Niemand ist ein strengerer Richter zu sich selbst als die Seele. Sie durchlebt, begleitet von den Engeln, die die Seele auf der Geistigen Welt nach dem Tod in Empfang nehmen, noch einmal die wichtigsten Situationen ihres Erdenlebens. Dadurch kann sie erkennen, welche der einst selbst gewählten Lern- und Entwicklungsaufgaben sie erfüllt hat und welche sie in die nächste Inkarnationen noch einmal mitnehmen will, um sie endgültig zu erlösen.

Lassen Sie mich Ute Kretzschmar zitieren, die folgende Information aus der Geistigen Welt für ihre Leser niedergeschrieben hat:

Der Lebensfilm beinhaltet alle Erfahrungen, Handlungen, Schlussfolgerungen, die ihr in eurem letzten Leben angesammelt habt. In dem Moment, wo sich die Seele vom Körper trennt, bekommt ihr noch einmal einen filmartigen Totalüberblick über euer beendetes Leben. Ihr legt damit vor euch selbst Rechenschaft ab über alles, was gewesen ist ... Aber der schärfste Kritiker ist der

Verstorbene selbst! Kein Außenstehender, ob nun ein Freund von der jenseitigen Ebene oder eure geistigen Verwandten, würde jemals so hart urteilen, wie ihr es tut! Im Gegenteil, von andern erfahrt ihr für gewöhnlich Verständnis. (23)

Über den Wechsel der Seele von der irdischen in die Geistige Welt, dem „Abgeholt-Werden" der Seele durch bereits verstorbene Verwandte und über das Verweilen bis zur nächsten Inkarnation schreibt Ute Kretzschmar im oben zitierten Buch auf mehreren Seiten. Den Inhalt an dieser Stelle wiederzugeben würde den Rahmen dieses Buches sprengen.

>>Lernschritte auf den Zwischenebenen<<

Wenn ein Mensch stirbt, wechselt er zwar von der irdischen in die Geistige Ebene, aber er bleibt meist auf der gleichen Entwicklungsstufe, von der aus er dem irdischen Leben gegangen ist. Das heißt, wechselt eine hoch entwickelte Seele vom irdischen Leben in die Geistige Welt, kommt sie dort auf einer entsprechend hohen Ebene an. (Es gibt aber auch Seelen, die bereits mehrere hochspirituelle Leben hinter sich haben, und dann freiwillig noch einmal in ein unbewusstes Leben einsteigen).

Alles, was der Mensch aus seinem Erdenleben an geistig-spiritueller Entwicklung und Erfahrung zum Zeitpunkt des Todes mitnimmt, bleibt ihm in der Geistigen Welt erhalten. Es gibt dort auch viele verschiedene Bewusstseinsebenen, in denen sich Verstorbene unterschiedlicher spiritueller Entwicklung befinden. Nicht alle

(23) Kretzschmar, Ute: Der Aufstieg der Erde 2012 in die fünfte Dimension. ISBN 3-89568-109-1. Erschienen im chfalk-Verlag, Seeon 2002; Seite 25

Verstorbenen können miteinander kommunizieren, weil sie sich auf verschiedenen Entwicklungsstufen befinden. Ute Kretzschmar hat sinngemäß folgende Informationen aus der Geistigen Welt über die fünf Entwicklungsstufen der Seele erhalten (24).

1. Entwicklungsstufe

Ein Mensch dieser Seelengruppe hat einerseits Angst vor der Welt, andererseits unterliegt er ihrer Faszination. Der Familienverband ist ihm sehr wichtig. Er braucht viel Nähe und Geborgenheit und hält keinem Leistungsdruck stand. Am wohlsten fühlt er sich in einer Großfamilie, in einer Gruppe oder Sippe. Er hat keine Angst, solange ständig jemand in der Nähe ist, auf den er sich verlassen kann. Er ist geprägt von der Angst vorm Alleinsein und tut sich schwer, (wirtschaftlich) für sich selbst zu sorgen.

2. Entwicklungsstufe

Menschliche Neugierde macht sich breit. Die Interessen dieser Seelengruppe sind vielseitig. Aber nicht teilnehmen ist angesagt, sondern beobachten, Fragen stellen, Informationen aufsaugen usw. Der Mensch auf dieser Entwicklungsstufe hat Angst, Verantwortung für sich und andere zu tragen, übernimmt unkritisch alle Informationen und betrachtet sie als Wahrheit, nach der er lebt.

(24) Kretzschmar, Ute: Der Aufstieg der Erde 2012 in die fünfte Dimension. Seeon 2002

3. Entwicklungsstufe

Ein Mensch der dritten Seelenebene probiert alles selbst aus, sammelt viele Erfahrungen und schaut sich alles an. Im Allgemeinen ist er sehr risikobereit, aber auch unvernünftig und wägt nichts ab. Grenzen werden nicht als solche erkannt oder nicht akzeptiert, auch leidet er unter Selbstüberschätzung. Er lebt in einer Scheinwelt. Überhaupt ist es ihm sehr wichtig, den Schein und seine heile Welt nach außen um jeden Preis bewahren zu wollen.

4. Entwicklungsstufe

Auf dieser Ebene ist es dem Menschen wichtig, Erfahrungen zu sammeln und sie auch zu verstehen, zu hinterfragen, zu verarbeiten und Schlüsse daraus zu ziehen. Er lernt mehr und mehr Prioritäten zu setzen und Schein von Wirklichkeit zu unterscheiden. Innere Werte werden wichtig, er strebt nach Wahrheit und Wahrhaftigkeit. Dabei zieht er sich häufig zurück oder meditiert. Auch Äußerlichkeiten sind für ihn nicht mehr so wichtig.

5. Entwicklungsstufe

Menschen dieser Seelenebene haben eine natürliche Spiritualität entwickelt, sie haben einen natürlichen Zugang zur Geistigen Welt. Mehr und mehr machen sie Grenzerfahrungen. Sie sind „Lichtarbeiter", Energiearbeiter, die ihrer geistigen Führung folgen und ihr inneres Potenzial entwickeln. Sie gehen klar ihren eigenen, inneren Weg und stehen in engem Kontakt mit der Geistigen Welt. Oft strahlen sie Ruhe, Frieden, natürliche Autorität und Geborgenheit aus.

Jede Seele durchläuft bei jeder Inkarnation alle Ebenen. Die eine kommt dabei weiter voran als die andere. Derzeit leben noch Menschen aller fünf Entwicklungsstufen auf unserem Planeten. So war beispielsweise in den Achtzigerjahren die dritte Seelengruppe am stärksten hier auf Erden vertreten: Schein und Sein, Eitelkeit, Kapitalismus, Probleme unter den Tisch kehren, Spiritualität belächeln - wer erinnert sich nicht daran? Seit den Neunzigerjahren kommen überwiegend Seelen der vierten und fünften Ebene zur Welt. Die anderen haben die Chance, sich weiterzuentwickeln oder sich vorzeitig von diesem Planeten zu verabschieden.

Erdgebundene Seelen

Die meisten Seelen von Verstorbenen gehen nach dem Tod ins Licht, sie wechseln in die Geistige Ebene. Es gibt aber auch einige wenige, die über einen längeren Zeitraum in Erdennähe bleiben. Diese werden erdgebundene oder anhaftende Seelen bzw. Fremdenergien genannt. Die häufigsten Gründe und Ursachen, warum Seelen über Jahre oder Jahrzehnte den Übergang in die andere Dimension nicht vollziehen können, sind folgende:

- Schockzustand nach einem plötzlichen oder gewaltsamen Tod,
- von Menschen zurückgehalten werden,
- noch etwas erledigen müssen,
- Angst vor dem Übergang bzw.
- Nähe von Menschen suchen.

>>Schockzustand nach einem plötzlichen oder gewaltsamen Tod<<

Es kommt gelegentlich vor, dass Menschenseelen, die ihren physischen Körper durch einen plötzlichen Tod verlieren, wie etwa einen Unfall oder durch Gewaltanwendung, so etwas wie einen Schock erleiden. Sie verstehen nicht, dass sie ihren irdischen Körper nicht mehr bewohnen können und machen sich immer und immer wieder auf die Suche nach ihm. Sie bleiben in Erdennähe, in der Nähe anderer Menschen, in Häusern oder auf Grundstücken. Manchmal nisten sie sich auch in die Aura anderer Menschen ein, wo sie wie eine belastende Energiewolke oft über viele Jahre verweilen. Auffallend ist, dass in vielen Fällen Angehörige dieser Verstorbenen häufig Symptome wie chronische Müdigkeit, Abgeschlagenheit oder Verspannungen in verschiedenen Körperregionen zeigen. Diese Symptome lassen sich schulmedizinisch natürlich nicht bereinigen, da sie feinstofflicher Natur sind, und die Schulmedizin in dieser Ebene nichts bewirken kann.

>>Von Menschen zurückgehalten werden<<

In meiner Zeit als Kinesiologin tauchte eines Tages ein neuer Klient in meiner Praxis auf, der von mir wissen wollte, ob sein verstorbener Bruder bereits in die andere Ebene gewechselt oder noch in Erdennähe sei. Nachdem ich festgestellt hatte, dass er noch hier war, grinste der Mann hämisch: „Und wissen Sie, warum er noch hier ist? Weil ICH ihn nicht gehen lasse! Er hat Selbstmord begangen, und keiner weiß genau, warum. Wenn er Dreck am Stecken hatte, dann will ich das wissen. Und solange ich nicht weiß, was der Grund für seinen Selbstmord ist, lasse ich ihn nicht gehen!". Ich versuchte, dem Mann zu erklären, dass er sich damit Karma aufbürden würde und die Finger davon lassen solle. Er war davon nicht abzubringen. Zu diesem Zeitpunkt hatte ich leider meine Engelsymbole und Engelessenzen noch nicht, denn sonst hätte ich für den Verstorbenen einen Engelsymbol-Kreis gelegt, in dessen Schutz sich die Seele des Verstorbenen - frei nach seiner eigenen Entscheidung und begleitet von den Engeln - auf den Weg ins Licht hätte machen können.

>>Noch etwas erledigen müssen<<

Manche Seelen bleiben in Erdennähe weil sie meinen, sie müssten noch etwas erledigen, was sie zu Lebzeiten nicht abschließen konnten. Dabei kann es sich um eine Aussprache, eine Versöhnung, eine ungeregelte Erbangelegenheit, um wichtige Informationen für die Hinterbliebenen oder um ein nicht abgeschlossenes Vorhaben handeln. Ich erinnere mich an jenen jungen Mann, der nach einem tödlichen Autounfall immer und immer wieder den Kontakt zu seiner Mutter suchte, weil der Unfallhergang nie richtig geklärt war. Erst nachdem die Mutter ein Medium aufgesucht hatte, das Kontakt mit dem Verstorbenen aufnahm, der dem Medium erklärte, wer wirklich den Unfall verschuldet hatte, konnte die Seele des jungen Mannes endgültig in die andere Ebene hinüberwechseln.

Auch Menschen, die zu Lebzeiten ihre Angehörigen sehr stark bemuttert oder beschützt sowie die alleinige Verantwortung für die Familie getragen haben und sich für das Wohl und Wehe ihrer Angehörigen verantwortlich fühlten, tun sich oft besonders schwer, die irdische Ebene zu verlassen.

>>Angst vor dem Übergang<<

Manche Menschen haben bereits in der zweiten Sterbephase, in der sie die ersten Blicke ins Jenseits erhaschen, Angst vorm Übergang. Sie sehen zwar das Licht und spüren schon die Helfer und die Göttliche Liebe, die sie drüben erwarten. Aber diese neue und ungewöhnliche Erfahrung macht ihnen trotzdem Angst und sie wehren sich auch weit über ihren physischen Tod hinaus, die Ebene zu wechseln. In dieser Zeit leben sie in einer Art Zwischenwelt oder pendeln zwischen Seelenebene und Geistiger Ebene hin und her. Obwohl sie von Engeln und anderen Verstorbenen abgeholt und in die andere Dimension hinüber begleitet werden, kann es in manchen Fällen sehr sinnvoll und hilfreich sein, mit den Engelsymbolen im positiven Sinn „nachzuhelfen“ und den Übergang zu erleichtern.

>>Nähe von Menschen suchen<<

Es gibt immer wieder Verstorbene, die Hilfe bei einem Menschen suchen. Wie beispielsweise jener junge Mann, den ich bereits erwähnte. Meist sind es spirituell hoch entwickelte Menschen, bei denen Verstorbene „andocken“ und Hilfe suchen. Andere Verstorbene wiederum fühlen sich bei jenen Menschen besonders wohl, von deren Lebensumständen sie sich sehr angezogen fühlen, weil sie ihnen vertraut sind. Auch die Nähe von Menschen, mit deren Charaktereigenschaften oder Grundschwingungen sie stark in Resonanz gehen, wird häufig aufgesucht.

Als energetische Unterstützung für erdgebundene Seelen empfiehlt sich der Engelsymbol-Kreis von Seite 224.

Suizid aus spiritueller Sicht

Obwohl die Medien meist von Suiziden jüngerer Menschen berichten, sind Selbsttötungen bei Menschen über 60 Jahre weitaus häufiger als bei jüngeren. Kirche und Gesellschaft tabuisieren den

Suizid als frei gewählte Todesart noch immer sehr stark. Besonders die Hinterbliebenen bekommen das zu spüren. Es ist wie ein unausgesprochener Makel, der an den Trauernden hängen bleibt. Dabei gab es bei Selbsttötungen ursprünglich in der Bibel keine Be- oder Verurteilung.

Die Verurteilung von Suizidanten begann, als sich unter den Frühchristen die Selbstaufopferung und mit ihm der Märtyrertod wie eine Epidemie ausbreiteten. Die frühen Christen standen dem Tod gleichgültig gegenüber, ja, er wurde geradezu freudig erwartet, da sie an die unmittelbare Wiederkunft Christi glaubten. Das Märtyrertum gab ihnen die Gewissheit der Erlösung und die Gewähr, nach dem Tod direkt in das Paradies zu kommen. Tausende Christen stürzten sich bei religiösen Anlässen von Felsen und Abhängen in die Tiefe, und die blutrünstige Selbstaufopferung entartete zu einer Form des kollektiven Massensuizids. (25)

Augustinus versuchte dieser Bewegung Einhalt zu gebieten. Er leitete das Selbstmordverbot aus dem sechsten Gebot in der Bibel ab, das da heißt: Du sollst nicht töten. Sobald ein Mensch dieses Gebot übertrat, indem er sich selbst tötete, wurde er zum Mörder erklärt. Seine autoritäre Entscheidung hatte die Folge, dass auf den Konzilen von Arles und Orleans der Suizid schwer verurteilt und ein kirchliches Begräbnis verboten wurde. Die Exkommunikation und eine diffamierende Bestattung waren die Folge. Diese negative Einstellung zu Suizidanten hielt und hält sich hartnäckig bis in die heutige Zeit. Selbsttötung ist eine Flucht aus dem Leben. Es ist die bewusste und offene Entscheidung, sich von seinem Körper zu befreien. Egal, ob jemand an einer Krankheit dahinsiecht, an schweren - oft für andere nicht immer erkennbaren - Depressionen leidet, eine

(25) Jakoby, Bernard: Keine Seele geht verloren. München 2003. Seite 117ff

Kurzschlusshandlung setzt oder einfach mit dem Leben nicht mehr zu Recht kommt. Was diese Menschen jedoch nicht wissen ist die Tatsache, dass die Probleme mit dem Freitod nicht gelöst sind. Es gibt keine Auslöschung der Seele, nur einen Wechsel in eine andere Bewusstseinsebene, und damit eine Verschiebung der Probleme auf die Zeit nach dem Tod. Wir bleiben die gleichen Menschen, die wir zu Lebzeiten waren, nur mit einem erweiterten Bewusstseinszustand. Nach dem Tod tauchen alle Gedanken, Worte und Taten wieder auf. Der Verstorbene wird auf der Seelenebene mit sich selbst konfrontiert und erlebt schmerzhaft, wie sich sein freiwillig gewählter Tod auf das Leben anderer auswirkt. Er erlebt dabei zusätzlich noch den Schmerz, den er damit anderen zugefügt hat. Es gibt keinen Richter im Außen, der diese Entscheidung be- oder verurteilt. Somit gibt es auch keine Schuld, Strafe und Sühne, wie im Kapitel zuvor schon geschrieben steht. Die Seele ist ihr eigener „Richter", und in vielen Fällen gibt es Verstorbene, die nach einem Suizid über Jahre oder Jahrzehnte nicht zur Ruhe kommen. Den Angehörigen sei es ein Trost zu wissen, dass es Möglichkeiten gibt, die Verstorbenen über den Tod hinaus zu begleiten und ihnen zu helfen, sich auf der Seelenebene weiter zu entwickeln und mit sich selbst Frieden zu schließen.

Als energetische Unterstützung für Suizidanten empfiehlt sich der Engelsymbol-Kreis von Seite 218.

*Erzengel-Michael-Meditation mit einem Sterbenden

Die nachfolgende Meditation kann man mit einem Sterbenden gemeinsam oder für ihn machen, falls man nicht am Sterbebett sein kann. Zur Verstärkung der Wirksamkeit der Meditation kann man dem Sterbenden das Engelsymbol No. 42 „Erzengel Michael" in die Hand geben oder auf eine beliebige Körperstelle legen. Zusätzlich kann im Raum die Engel-Aura-Essenz „Erzengel Michael" gesprüht werden. Falls man die Meditation in Abwesenheit des Sterbenden machen möchte, kann man das Erzengel-Michael-Symbol auf sein Foto oder auf eine Karte mit seinem Namen (und eventuell seinem Geburtsdatum) legen.

Wird die Meditation gemeinsam mit dem Sterbenden gemacht, könnte man dazu leise Meditationsmusik abspielen.

Wir bitten nun Erzengel Michael, dass er hierher kommt und uns seine beruhigenden und beschützenden Energien schenkt. Das Symbol von Erzengel Michael kann dabei den Kontakt zwischen dir und Erzengel Michael leichter herstellen und seine Energien verstärken.
Stell dir nun vor, wie dich ein dunkelblauer Lichtstrahl umfängt. Du kannst dir aber auch eine zarte, dunkelblaue

Farbwolke vorstellen, die dich und deinen Körper vollkommen umhüllt.
Trag nun dem Engel deinen Wunsch, dein Problem oder deine Bitte vor und lass dir dabei ruhig Zeit.
Vielleicht möchtest du dich mit Hilfe von Erzengel Michael noch von jemandem verabschieden, auch wenn diese Person gar nicht anwesend sein kann oder will.
Vielleicht möchtest du jemanden um Verzeihung bitten - oder jemandem verzeihen.
Vielleicht möchtest du Erzengel Michael deine Ängste und Sorgen übergeben.
Vielleicht möchtest du deine Angehörigen und Freunde unter seinen Schutz stellen.
Lass dir dabei ruhig Zeit.
Sei gewiss, dass dich Erzengel Michael von nun an intensiv begleiten wird. So lange, bis du seine Hilfe nicht mehr benötigst, weil andere Engel an deine Seite treten.
Bedanke dich bei Erzengel Michael und vertraue ihm.
Kehre nun ganz bewusst in die Gegenwart zurück.
und in einem Augenblick, der dir angenehm ist,
öffne wieder deine Augen.

Kapitel 07 - Trauer und Trauerarbeit

Zurück ins Leben findest du erst im Durchleben der Trauer.

Jorgos Canacakis (26)

Trauer - der stärkste menschliche Transformationsprozess

Trauer ist einer der wichtigsten Lern- und Transformationsprozesse menschlichen Daseins. Dabei wird in der westlichen Welt mit Verlust und Trauer ganz anders umgegangen als in vielen anderen Gebieten der Erde.

Das Leben besteht in der Realität aus einer Aneinanderreihung von kleinen oder größeren Trennungen, Abschieden und Verlusten. Das beginnt bereits mit der Geburt, dem Zurücklassen der Geborgenheit im Mutterleib, und begleitet uns durch alle Phasen des Kleinkindalters, der Kindheit, der Pubertät, des Erwachsenenalters bis hin zum Tod. Der Wechsel vom Kindergarten in die Schule, Schulabschlüsse, Übersiedlungen, neue Jobs, neue Partnerschaften, dies alles ist stets mit einem Zurücklassen, Verabschieden oder mit Verlusten verbunden.

Menschen, die sehr auf materielle und immaterielle Sicherheiten fixiert sind, tun sich da besonders schwer. Für sie kann selbst banales Entrümpeln von Keller oder Dachboden ein Problem darstellen. Loslassen ist nicht immer einfach. Auch für Menschen, die

(26) Canacakis, Jorgos: Ich begleite dich durch deine Trauer. 2007

sich selbst über andere Personen definieren, beispielsweise in einer symbiotischen Partnerschaft.

Es gibt Menschen, die an Trennungen zu zerbrechen scheinen. Vielleicht, weil sie darauf fixiert sind, mit diesem einen Partner unter allen Umständen alt zu werden. Vielleicht, weil Veränderung und Neubeginn viel Flexibilität und Mut erfordern und immer ein gewisses Risiko beinhalten. Außerdem sind Veränderungen im Leben auch wirtschaftlich nicht immer sehr angenehm.

Dabei wird übersehen, dass wir durch ständiges Verlieren, Loslassen, Verzichten, Trennen und Zurücklassen auch immer etwas dazugewinnen: Die Chance, durch viele kleine und große Veränderungen unser Wesen, unsere Persönlichkeit neu zu entdecken, zu entfalten und weiter zu entwickeln. Deshalb ist Trauer eine der größten Entwicklungschancen menschlichen Daseins.

Die verschiedenen Phasen von Trauer

So unterschiedlich die Menschen sind, so unterschiedlich gehen sie mit Trauer um. Wichtig ist zu wissen, dass Trauer gelebt werden muss, damit der Hinterbliebene nicht in eine physische oder psychische Krankheit hineinrutscht, beziehungsweise in eine schwere Depression. Nicht gelebte oder verschleppte Trauer wird fälschlicherweise oft bewundert und mit „tapfer", „stark", „diszipliniert" oder „hart im Nehmen" vom Umfeld kommentiert. Tränen werden als Schwäche und Weichheit aufgefasst, und nach dem Verlust versucht man so weiter zu leben, als wenn nichts passiert wäre. Zu dieser Gruppe gehören auch jene Menschen, die mit dem Verlust eines Ungeborenen scheinbar gut zurecht kommen.

Doch nichts ist trügerischer und gefährlicher als nicht gelebte Trauer. Irgendwann kann die Verdrängung nicht mehr hintan gehalten werden und schlägt mit ungebremster Wucht aus dem Unterbewusstsein zu.

Trauerprozesse verlaufen individuell verschieden, wenngleich die einzelnen Phasen bei allen Menschen sehr ähnlich sind. Zwischen den einzelnen Trauerphasen gibt es jedoch Sprünge, Wiederholungen bzw. ein längeres oder kürzeres Verweilen in der jeweiligen Phase. Es gibt keine „Idealzeit", in der die Trauerphasen durchlebt werden (sollen). Wichtig ist, dass der Trauernde jemanden an seiner Seite hat, der ihn so annimmt, wie er ist und wie er gerade fühlt. Ohne Wenn und Aber.

Die Trauerphasen lassen sich folgendermaßen unterteilen:

- Nicht-Wahrhaben-Wollen
- Zorn, Schuld
- Letzte Suche
- Aufbruch und Neubeginn

Nun zu den einzelnen Phasen der Trauer:

>>Erste Trauerphase: Nicht-Wahrhaben-Wollen<<

Diese Trauerphase dauert im Allgemeinen einige Stunden bis zu etwa einer Woche, vor allem dann, wenn es sich um einen unvorhersehbaren Todesfall handelt. Nach außen kann es sich als Empfindungs- oder Gefühllosigkeit darstellen, aber in Wirklichkeit leidet der Mensch unter einem Gefühlsschock, er erstarrt unter einem für ihn zu starken Gefühl. Wichtig ist zu wissen, dass man dem Trauernden keinen Vorwurf machen darf, falls er keine Tränen zeigt.

Diese scheinbare Empfindungslosigkeit ist nicht nur ein Verdrängen der Hiobsbotschaft, sondern dient auch der Bewältigung eines zu starken Gefühls, mit dem nicht umgegangen werden kann. Manche Menschen flüchten dabei in eine übergroße Geschäftigkeit, andere wiederum projizieren ihre verdrängte Trauerarbeit auf andere Trauernde, indem sie sich um diese intensiv kümmern, anstatt die eigene Trauer zu leben. Andere wiederum sprechen von einer großen Leere, die durch nichts zu füllen sei.

Menschen, die in der ersten Phase stecken bleiben, wollen Trauer überhaupt vermeiden. Trauernde, die in späteren Phasen stecken bleiben, finden aus der Trauer nicht mehr heraus und trauern chronisch.

Begleiter sollten sich in der ersten Trauerphase um alltägliche Besorgungen kümmern und dem Trauernden bei den Erledigungen im Zusammenhang mit der Beerdigung beistehen. Dabei ist Fingerspitzengefühl vonnöten. Einerseits ist es wichtig, dem Trauernden soweit beizustehen, dass er sich nicht alleine gelassen fühlt, andererseits darf er sich nicht entmündigt oder in Beschlag genommen vorkommen. Die optimale Balance zwischen Nähe und Distanz muss erfühlt und gewahrt werden.

Menschen, die von einer unheilbaren Krankheit ihres Angehörigen erfahren, durchleben die erste Trauerphase noch zu Lebzeiten des Kranken.

Hilfestellung mit Engelessenzen

siehe auch Kapitel 09

- Engel-Kombi-Essenz / -Öl No. 02 / Nanael / „Seelische Engel-Notfallstropfen / -Öl": Für die ersten Stunden und Tage nach dem Tod können Essenz bzw. Öl eine starke energetische Engel-Unterstützung in dieser schwierigen Situation darstellen.
- Engel-Aura-Essenz „Erzengel Uriel": Erzengel Uriel verleiht Kraft und stärkt die Aurenkörper.

Die Anleitung für einen Engelsymbol-Schutzkreis für die erste Trauerphase finden Sie im Anhang ab Seite 219.

>>Zweite Trauerphase: Zorn und Schuldgefühle<<

Die zweite Trauerphase ist häufig gekennzeichnet von Wut, Trauer, Zorn, Angst oder Schuldgefühlen, die häufig und unmittelbar gleichermaßen Helfer wie Begleiter treffen. Sie müssen aushalten, dass sich der Trauernde in einem ständig wechselnden emotionalen Chaos befindet. Massive Zornausbrüche zeigen sich eher beim Tod von Angehörigen, die entweder plötzlich und unvorhergesehen, frühzeitig oder durch Suizid aus dem Leben geschieden sind.

Der Zorn des Trauernden richtet sich in manchen Fällen auch gegen Ärzte, Pflegepersonal oder Verwandte, in anderen Fällen wiederum gegen den Menschen selbst, der sie verlassen hat. Manche richten ihren Zorn und Wut auch gegen sich selbst. Nämlich dann, wenn es ungeklärte Lebensumstände oder ungelöste Konflikte zum Zeitpunkt des Todes gab. Andere wiederum fühlen sich vielleicht schuldig, weil sie glauben, nicht alles unternommen zu haben, um den Tod des Verstorbenen zu verhindern.

Die Dauer und die Art der Trauer hängen wesentlich davon ab, ob ungelöste Konflikte zum Zeitpunkt des Todes zwischen dem Angehörigen und dem Verstorbenen bestanden. Je besser die Kommunikation war, wenn richtig Abschied genommen werden konnte und etwaige Probleme noch bereinigt oder besprochen wurden, sind die Schuldgefühle meist nicht so stark und die Trauerzeit dehnt sich nicht unbegrenzt aus. Wenn allerdings massive Probleme vor dem Tod nicht geklärt oder besprochen wurden, kann es vorkommen, dass sich der Trauernde über einen langen Zeitraum mit schweren Schuldgefühlen herumschlägt.

Als Begleiter muss man diese Schuldgefühle zur Kenntnis nehmen, so wie sie sind. Zu einem späteren Zeitpunkt sollte aber unbedingt über eine Auflösung der Schuldgefühle nachgedacht werden. Manchmal sind auch nachträgliche Verzeihens- oder Abschiedsrituale sinnvoll und erforderlich.

So mancher Hinterbliebene ist jedoch dankbar dafür, dass er dem Verstorbenen überhaupt begegnen und mit ihm ein Stück durchs Leben gehen durfte. Aber diese Sichtweise erfordert schon eine weiter entwickelte Persönlichkeit.

Hilfestellung mit Engelessenzen siehe auch Kapitel 09

Bei Wut und Zorn:

- Engelessenz No. 23 „Engel für Erkenntnis und Annehmen“: Diese Essenz kann energetisch hilfreich sein, um Wut oder Zorn aus den Auraschichten zu lösen. Sie unterstützt damit den Trauerprozess auf der spirituell-energetischen Ebene.
- Engel-Aura-Essenz „Erzengel Zadkiel“: Die Energie von Erzengel Zadkiel unterstützt in allen Phasen der Trauerbewältigung.

Bei Schuldgefühlen:

- Engelessenz No. 39 „Engel für Gnade“: Die „Engel für Gnade“ lösen schwere Energieblockaden im feinstofflichen Körper des Trauernden auf, wenn es zu Lebzeiten des Verstorbenen nicht mehr zu einer Bereinigung der „Schuldfrage“ kommen konnte bzw. wenn sich der Trauernde Vorwürfe macht, am Tod des Verstorbenen in irgendeiner Weise „mitschuldig" zu sein.

- Engel-Aura-Essenz „Erzengel Zadkiel": Die Energie von Erzengel Zadkiel unterstützt in allen Phasen der Trauer.

Die Anleitung für Engelsymbol-Schutzkreise für die zweite Trauerphase finden Sie im Anhang ab Seite 220.

>>Dritte Trauerphase: Letzte Suche<<

Das Aufsuchen von Plätzen, die mit Erinnerungen an den Verstorbenen verbunden sind, das Begehen gemeinsamer persönlicher Feiertage, innere Zwiegespräche oder tatsächliche Gespräche mit dem Toten sind typische Anzeichen der vorletzten Trauerphase. Manche Menschen identifizieren sich so stark mit dem Verstorbenen, dass sie ständig in der Wir-Form reden, sobald sie von sich selbst sprechen. Andere wiederum stellen ein Gedeck für den Verstorbenen auf den Tisch, so, als ob er noch leben würde. Dabei ist dieses fast zwanghafte Suchen und Festhalten nicht nur Verdrängung, sondern es werden Aspekte, Eigenschaften und Gewohnheiten des Verstorbenen ins eigene Leben, in die bevorstehende Zukunft hinübergerettet. Nicht selten übernehmen dabei Hinterbliebene Angewohnheiten des Verstorbenen, die nicht ihre eigenen sind und eigentlich gar nicht zu ihrer Lebensphilosophie oder ihrem Lebensstil gehören.

Dieses Retten alter Gewohnheiten kann zwanghaft werden, das Leben bekommt im schlimmsten Fall einen musealen Charakter. Dennoch kann es die Chance beinhalten, sich mit dem Menschen ein letztes Mal intensiv auseinander zu setzen.

Innere Dialoge mit dem Verstorbenen, die stets unverändert bleiben und keine Entwicklung zulassen, haben die Konsequenz, dass man an den Verstorbenen ein Leben lang gebunden bleibt und neuen Beziehungen keine Chance gibt. Versucht man jedoch durch Zwiegespräche den verschiedensten Aspekten des Partners Raum zu verschaffen, kann er ein wichtiger Teil des Hinterbliebenen bleiben, ohne dass dieser sich einer neuen Ausrichtung seines Lebens verschließt.

Die dritte Trauerphase kann Wochen bis Jahre dauern. Es ist möglich, dass diese Zeitspanne immer wieder von Phasen der Verzweiflung, der Depression oder der Apathie begleitet wird. Wichtig ist, dass der Trauernde in dieser Zeit nicht gedrängt wird Zwiegespräche aufzugeben oder alte Geschichten nicht mehr wiederholen darf.

Hilfestellung mit Engelessenzen siehe auch Kapitel 09

- Engelessenz No. 24 „Engel für wiederkehrende Gedanken und Lösungen": Diese Engelessenz kann hilfreich sein, um Blockaden im Mental- und Emotionalkörper zu lösen.
- Engel-Aura-Essenz „Erzengel Zadkiel": Die Energie von Erzengel Zadkiel unterstützt in allen Phasen der Trauerbewältigung.

Die Anleitung für einen Engelsymbol-Schutzkreis für die dritte Trauerphase finden Sie im Anhang ab Seite 221.

>>Vierte Trauerphase: Aufbruch und Neubeginn<<

Ist der Trauernde in einer Phase angelangt, in der der Verstorbene nicht mehr all seine Sinne, seine Gedanken und seine Phantasien beansprucht, kann der letzte Trauerabschnitt beginnen.

Vielfach ist der Verstorbene eine innere Figur, ein innerer Begleiter geworden, der sich auch verändern darf. Der Trauernde trägt den Verstorbenen in sich und kann sich nun endlich wieder mit seinem Leben auseinandersetzen und seinen Interessen wieder mehr Raum zugestehen.

Wenn der Trauernde jedoch zu stark in die Rolle des inneren Begleiters schlüpft, tut und denkt, was der Verstorbene getan oder gedacht hätte, ohne seine eigenen Wünsche oder Bedürfnisse zu berücksichtigen, kann das krankmachende Folgen haben. Der Verstorbene liegt dann wie eine zweite Persönlichkeit über dem Trauernden. Damit ist es für den Trauernden unmöglich, einen neuen Bezug zu sich selbst und zur Welt zu schaffen.

In dieser letzten Trauerphase hat der Hinterbliebene die Möglichkeit zu erkennen, dass der Verlust gleichzeitig die große Chance beinhaltet, sich selbst neu zu überdenken und sein Leben neu auszurichten. In vielen bestehenden Partnerschaften ging das „Ich" im „Wir" auf oder wurde vielleicht lebenslang unterdrückt. Eigene Träume, Ziele und Wünsche wurden der Gemeinsamkeit untergeordnet. Nun bietet das Leben die Chance, sich selbst wieder neu zu entdecken, ohne den Verstorbenen zu vergessen. Dennoch kann es in dieser Phase immer wieder zu Rückfällen kommen. Allerdings meist nicht mehr so intensiv wie in vorangegangenen Trauerphasen.

Wenn der Trauernde erkennen kann, dass der Tod ihm nicht nur sehr viel genommen, sondern auch an Entwicklungsmöglichkeiten sehr viel gebracht hat, kann er sich endgültig mit ihm aussöhnen. Die Erinnerungen an den Toten bleiben jedoch wichtig, damit die Beziehung zu ihm weiterhin besteht und in die eigene Psyche integriert werden kann.

Wie eingangs schon geschrieben, ist die Trauer eine der

wichtigsten und intensivsten Transformationsprozesse des Menschen. Es gehört unbedingt zu einem gelungenen Trauerprozess, dass sich der Trauernde dabei verändert.

Hilfestellung mit Engelessenzen siehe auch Kapitel 09

- Engelessenz No. 13 „Engel für Entscheidung und Neuorientierung": Diese Engelessenz kann hilfreich sein, den Emotional- und Mentalkörper auf eine Neuausrichtung des Lebens vorzubereiten.
- Engel-Aura-Essenz „Erzengel Uriel": Erzengel Uriel verleiht Kraft und verhilft zu neuem Lebensmut.

Die Anleitung für einen Engelsymbol-Schutzkreis für die vierte Trauerphase finden Sie im Anhang ab Seite 222.

Spirituelle Hilfestellungen für Trauernde

Die nachfolgenden Anleitungen möchten Ihnen zeigen, wie Sie mit Hilfe von einfachen Übungen und Engel-Symbol-Schutzkreisen energetische Belastungen und Blockaden erkennen und auflösen können:

>>Schuldgefühle und nicht eingelöste Versprechen<<

In diesem Buch wurde bereits ausführlich über Schuld und Schuldgefühle gesprochen, die meist von Religionen kreiert und in der Gesellschaft gelebt und eingefordert werden. Nicht nur den Sterbenden drängt sich dieses Thema immer wieder auf sondern auch den Hinterbliebenen. In Situationen, in denen man manches ungeschehen machen möchte und nichts mehr rückgängig machen kann, stellen Schuldgefühle oft eine große Belastung dar, die den Trauerprozess blockieren und seinen Abschluss hinauszögern kann. Dasselbe gilt für Versprechen, die nie eingelöst wurden, egal aus welchen Gründen auch immer. Deshalb ist es wichtig, vorhandene Schuldgefühle zu verarbeiten, und zwar MENTAL UND ENERGETISCH, wobei die energetische Auflösung von Schuldgefühlen noch stärker zu bewerten ist als jene auf der Mentalebene, da eine energetische Auflösung Blockaden meist auch aus der mentalen Ebene löst.

*Übung

Setze dich bequem hin und stell dir vor, der / die Verstorbene sitzt dir gegenüber. Falls du die Engel-Aura-Essenz „Erzengel Zadkiel" zur Hand hast, sprühe dich damit ein.

Bitte nun deine Schutzengel und die Schutzengel des / der Verstorbenen, dass sie sich an eure Seite stellen. Ihre Namen brauchst du nicht zu kennen.
Bitte die Engel, dass sie euch bei der folgenden Übung unterstützen und begleiten.
Erkläre deinem Gegenüber, wofür du dich schuldig fühlst, egal ob diese Schuldgefühle berechtigt sind oder nicht, und formuliere diese Schuldgefühle laut oder in Gedanken. Falls du ein Versprechen nicht eingelöst hast, gehe genauso vor.
Wenn du möchtest, kannst du deine Gedanken auch mit Farben oder Worten zu Papier bringen.
Sag deinem Gegenüber, dass es dir Leid tut und bitte ihn /

sie um Verzeihung.
Wiederhole dies eventuell ein paar Mal, bis du dich erleichtert fühlst.
Erinnere dich nun an Situationen, in denen dich der / die Verstorbene verletzt hat, und erkläre deinem Gegenüber, dass du ihm / ihr diese Verletzungen verzeihst. Gehe mit unerledigten Versprechen, die der / die Verstorbene dir gegenüber nicht eingehalten hat, genauso vor.
Verabschiede dich von eurem gemeinsamen ungelebten Leben, von allen Träumen, Ideen und Visionen, die du mit dem / der Verstorbenen nicht erlebt hast und nun nicht mehr erleben kannst. Du gibst dir damit die Möglichkeit, dich von Selbstvorwürfen und Bitterkeit über Versäumtes zu befreien.
Erinnere dich nun an eine sehr glückliche Situation, die du mit dem / der Verstorbenen gemeinsam erlebt hast und spüre in dich hinein.
Bedanke dich bei deinem Gegenüber für die gemeinsame Zeit, für die Sonnen- und die Schattenseiten eures Lebens.
Überreiche ihm / ihr symbolisch eine wunderschöne Blume.
Bedanke dich nun bei euren Schutzengeln, die euch immer begleitet haben und auch weiterhin begleiten werden.
Lass nun das Bild deines Gegenübers ganz langsam verblassen und trage es fortan ohne Groll und ohne Schuldgefühle in deinem Herzen.

Als energetische Unterstützung zu dieser Übung empfiehlt sich die Anwendung der Engel-Aura-Essenz „Erzengel Zadkiel“ oder der Schutzkreis von Seite 223.

>>Loslassen<<

Es ist menschlich gesehen allzu verständlich, dass man das, was man liebt, woran man gewöhnt war und was einem vertraut ist, nicht loslassen möchte. Nicht immer ist es wirklich Liebe, die jemanden veranlasst, an einem Verstorbenen festzuhalten. In vielen Fällen sind es Ängste und Unsicherheiten, die das neue, ungewohnte Leben mit sich bringt, ebenso die (unbewusste) Weigerung, diese unangenehmen Veränderungen zu akzeptieren. Das Festhalten an einem Verstorbenen macht diesem den Übergang schwer, er fühlt sich verpflichtet, immer wieder auf der energetischen Ebene zu dem Trauernden zurück zu kehren und ihn zu trösten. Im schlimmsten Fall kann es sogar vorkommen, dass Seelen sehr stark an die irdische Dimension gebunden werden, wie in einem Beispiel auf Seite 113 berichtet.

Auch für den Fortgang und den Abschluss eines Trauerprozesses ist es wichtig, mental und energetisch loszulassen und den Verstorbenen freizugeben. Wobei wiederum das energetische Loslassen noch stärker zu bewerten ist als jenes auf der Verstandesebene, da das energetische Loslassen Blockaden auf der Mentalebene, also der Verstandesebene, gleichzeitig auflösen kann.

*Übung

Setze dich bequem hin und stell dir vor, der / die Verstorbene, den / die du nicht loslassen kannst, sitzt dir gegenüber. Falls du die Engel-Aura-Essenz „Erzengel Gabriel" zur Hand hast, sprühe dich damit ein.

Bitte nun deine Schutzengel und die Schutzengel des / der

Verstorbenen, dass sie sich an eure Seite stellen. Ihre Namen brauchst du nicht zu kennen.
Bitte die Engel, dass sie euch bei der folgenden Übung unterstützen und begleiten.
Erkläre deinem Gegenüber, warum du nicht möchtest, dass er /sie endgültig in die andere Dimension hinüberwechselt. Formuliere diese Erklärung laut oder in deiner Vorstellung.
Wenn du möchtest, kannst du deine Gedanken auch mit Farben oder Worten zu Papier bringen.
Bitte dein Gegenüber dafür um Verständnis.
Wiederhole dies so oft, bis du dich leichter fühlst.
Erinnere dich an eine sehr glückliche Situation, die du mit dem / der Verstorbenen gemeinsam erlebt hast und spüre in dich hinein.
Bedanke dich bei deinem Gegenüber für die gemeinsame Zeit, für die Sonnen- und Schattenseiten eures Lebens. Überreiche ihm / ihr als Geste seiner / ihrer Freiheit symbolisch eine wunderschöne Blume oder einen anderen Gegenstand, der dir ohne viel Nachzudenken in den Sinn kommt.
Sag ihm / ihr die Worte: „Weil ich dich liebe / achte / ehre / schätze, entlasse ich dich in deine Freiheit." Wiederhole diesen Satz so oft, bis du dich dabei wohl fühlst.
Bedanke dich nun bei euren Schutzengeln, die euch immer begleitet haben und auch weiterhin begleiten werden.
Lass nun das Bild deines Gegenübers ganz langsam verblassen und trage es fortan mit einem Gefühl der Leichtigkeit in deinem Herzen.

Als energetische Unterstützung zu dieser Übung empfiehlt sich die Engel-Aura-Essenz „Erzengel Zadkiel".

>>Ein neues Leben beginnen<<

Egal, wie lange ein Todesfall zurückliegt: Manch Trauernder bekommt ein schlechtes Gewissen, wenn er spürt, dass der Schmerz über den Verlust nicht mehr so tief sitzt, wenn er nicht mehr ständig an den Verstorbenen denkt oder wenn er sich dabei ertappt, Pläne zu schmieden, in denen der Verstorbene nicht mehr vorkommen kann. Wenn der Trauernde erkennt und akzeptiert, dass ihm der Tod nicht nur sehr viel genommen, sondern vieles auch an persönlichen und spirituellen Entwicklungsmöglichkeiten gebracht hat, kann er sich endgültig auf ein neues Leben einlassen. Damit dies auch gut gelingen kann, hier eine energetische Übung.

*Übung

Setze dich bequem hin und stell dir vor, der / die Verstorbene sitzt dir gegenüber. Falls du die Engel-Aura-Essenz „Erzengel Gabriel" zur Hand hast, sprühe dich damit ein. Bitte nun deine Schutzengel und die Schutzengel des / der Verstorbenen, dass sie an eurer Seite Platz nehmen. Ihre Namen brauchst du nicht zu kennen.
Bitte die Engel, dass sie dich bei der folgenden Übung unterstützen und begleiten.
Sag deinem Gegenüber, dass du das Gefühl hast, wieder für ein neues Leben bereit zu sein. Falls Schuldgefühle in dir hochkommen, lass diese zu. Atme tief und ruhig ein, und spüre dich in diese Schuldgefühle hinein. Falls du Verspan-

nungen oder Schmerzen fühlst, schicke deinen Atem in jene Körperstellen. Bitte die Engel, dass sie dir helfen, deine Schuldgefühle loszulassen, aufzulösen und in positive, liebevolle Energien umzuwandeln.
Wenn du möchtest, kannst du deine Gedanken auch mit Farben oder Worten zu Papier bringen.
Wiederhole diesen Vorgang einige Male, bis du dich leichter fühlst.
Beschreibe nun dem / der Verstorbenen, wie du dein neues Leben ohne ihn / sie beginnen möchtest. Erzähle ihm / ihr von deinen Zweifeln und Ängsten, aber auch von deinen Ideen und Vorhaben.
Bitte ihn / sie, dass er dich dabei unterstützt und begleitet.
Bitte nun deine Schutzengel, dass sie dir helfen, wieder ins Leben zurück zu finden.
Male dir eine Situation in deinem Leben aus, in der du sehr glücklich sein wirst. Verweile ein wenig in dieser Energie.
Bedanke dich nun bei deinen Schutzengeln, die dich immer begleiten.
Lass nun das Bild deines / deiner Verstorbenen ganz langsam verblassen und trage es fortan mit Freude und ohne Schuldgefühle als Teil von dir in deinem Herzen.

Als energetische Unterstützung zu dieser Übung empfiehlt sich die Engel-Aura-Essenz „Erzengel Gabriel" oder der Engelsymbol-Kreis von Seite 225.

Kontaktaufnahme mit Verstorbenen

Der Kontakt zwischen Verstorbenen und Hinterbliebenen kann weit über den Tod hinausreichen. Viele Menschen berichten, dass sie Bilder und Botschaften ihrer Verstorbenen bekommen, sei es nun in direktem Kontakt oder über andere Menschen. Interessanterweise geht in den meisten Fällen der Impuls vom Verstorbenen aus. Wohl deshalb, weil ihre Angehörigen gar nicht auf die Idee kommen, dass es Möglichkeiten der Kontaktaufnahme überhaupt gibt. Alle Menschen, mit denen ich darüber gesprochen habe, erzählten mir übereinstimmend, dass sie keinerlei Ängste verspürten, als sie ihre Toten wieder sahen oder spürten. Sie berichteten, dass sich diese mit einem Ausdruck unendlicher Glückseligkeit gezeigt hätten.

Am häufigsten kamen folgende Arten der Kontaktaufnahme vor:

- Verstorbene suchen direkten Kontakt zu Hinterbliebenen
- Verstorbene suchen Kontakt über Dritte
- Kontaktaufnahme in der Meditation
- Kontaktaufnahme durch ein Medium

>>Verstorbene suchen direkten Kontakt zu Hinterbliebenen<<

Diese Form der Kontaktaufnahme wird im folgenden Kapitel von einem Betroffenen geschildert.

>>Verstorbene suchen Kontakt über Dritte<<

Eine Studentin, sie war damals Anfang Zwanzig, war in meine kinesiologische Praxis gekommen. Sie erzählte mir, dass sie vor einigen Tagen in der Nacht aufgewacht sei, weil sie Licht durch ihre geschlossenen Augenlider zu sehen glaubte. Als sie die Augen öffnete, „saß“ ihre verstorbene Schwägerin an ihrem Bett. Sie strahlte in wunderschönen Farben und sah sehr glücklich aus. Die Frau bat die Studentin, ihrem Mann, also dem Bruder der jungen Frau, auszurichten, dass es ihr sehr gut gehe und dass sie über alles glücklich sei. Das Einzige, was sie betrübe, sei die große Trauer der Familie. Sie sei gekommen, um über ihre Schwägerin Kontakt zur Familie aufzunehmen. Die junge Frau, so schien es mir, war die sensitivste und spirituellste in der Familie. Vielleicht war das der Grund, warum die Verstorbene ausgerechnet über sie den Kontakt zur Familie gesucht hatte.

>>Kontaktaufnahme in der Meditation<<

Menschen, die keinen direkten Kontakt in der oben angeführten Art und Weise zu ihren Verstorbenen herstellen können, haben die Möglichkeit, zumindest energetisch mit ihnen in einer Meditation in Verbindung zu treten. Dabei kann es sein, dass sie Impulse, Bilder, Farben oder andere Eindrücke erhalten. Wichtig dabei ist jedoch, dass sie sich nicht auf eine Botschaft oder ein anderes „Erfolgserlebnis“ fixieren. Auch wenn es nicht gleich beim ersten Mal klappt, kann langfristig über geeignete Meditationen eine Kontaktaufnahme mit Verstorbenen gelingen. Ein Beispiel für eine entsprechende Meditation finden Sie auf Seite 138.

>>Kontaktaufnahme durch ein Medium<<

Es gibt Menschen, deren Draht in die Geistige Welt besonders weit hinüberreicht. Ihre Aufgabe ist es, sozusagen als Sprachrohr für andere zwischen den Welten zu dienen. Die meisten von ihnen stehen mit Engeln, Geistigen Wesenheiten und / oder Verstorbenen in Verbindung und bekommen von diesen Botschaften für sich und andere Menschen.

Es gibt unterschiedlich medial veranlagte Menschen, und nicht alle sind wirklich mit der Engelwelt oder der Geistigen Welt verbunden. Leider wird auch in diesem Bereich gelegentlich Scharlatanerie betrieben. Am besten orientieren Sie sich an persönlichen Empfehlungen. Falls Sie niemanden kennen, bitten Sie Ihre Engel, Ihnen bei der Suche nach der geeigneten Person zu helfen. Wenn es im Sinne des Verstorbenen und im Sinne der Geistigen Welt ist, werden Sie die richtige Person mit Sicherheit finden.

*Meditation für die Kontaktaufnahme mit Verstorbenen

Erzengel Zadkiel ist jener Erzengel, der die Menschen in Zeiten großer Veränderungen führt und begleitet. Seine wichtigsten Zuständigkeitsbereiche sind Veränderung, Verwandlung, Trauer, Vergebung und Verzeihung sowie der Zugang zur Spiritualität. Die folgende Meditation muss unter Umständen einige Male wiederholt werden, bis sie zum erwünschten Ergebnis führt.

Falls du das Engelsymbol „Erzengel Zadkiel“ zur Hand hast, sieh es noch einmal gut an. Du kannst auch die Engel-Aura-Essenz verwenden und über deinem Kopf in deine Aura sprühen.

Dann mach es dir bequem und schließe deine Augen.
Lass deine Probleme und deinen Alltag für eine Weile hinter dir und freue dich nun auf die Begegnung mit Erzengel Zadkiel.
Das Engelsymbol von Erzengel Zadkiel wird nun den Kontakt zwischen dir und ihm herstellen und verstärken.
Lockere deine Muskeln vom Kopf bis zu den Füßen.
Lass dich fallen und entspanne dich.
Lege nun (in deiner Vorstellung) das Engelsymbol von Erzengel Zadkiel auf eine beliebige Körperstelle und spüre seine Energie.
Hülle dich nun mit der dunkelvioletten Farbe von Erzengel Zadkiel ein.
Stell dir dabei vor, wie violettes Licht - an deinen Füßen beginnend - deinen Körper empor fließt.
Beobachte, wie die Farbe weiter hinauf fließt zu deinem Becken, zu deinem Oberkörper, zu deinem Kopf - bis zu deinem Scheitel.
Du bist nun eingehüllt in die sanfte Farbe dieses großen Erzengels, der zu dir gekommen ist.
Fühle, wie dich die violette Farbwolke ganz durchdringt.
Bitte nun Erzengel Zadkiel, dass er deinen Verstorbenen zu dir führt.

Bleib dabei ganz entspannt und atme ruhig ein und aus.
Fühle, ob sich irgendetwas in oder um dich herum verändert.
Das kann ein Kribbeln, eine Gänsehaut, ein kühler Lufthauch oder etwas anderes sein.
Vielleicht siehst du vor deinem inneren Auge Farben oder Bilder.
Vielleicht berührt dich ein starkes Gefühl in deinem Herzen.
Wenn du eine Frage oder eine Botschaft an deinen Verstorbenen hast, schicke sie ihm in Gedanken.
Lass dir dabei sehr viel Zeit
Vielleicht bekommst du einen Impuls zurück.
Auch wenn du scheinbar nichts gespürt oder erfahren hast, ist die Wahrscheinlichkeit sehr hoch, dass Erzengel Zadkiel den Kontakt zwischen dir und deinem Verstorbenen hergestellt hat.
Vielleicht hast du auch eine Botschaft erhalten, die in deinem Herzen, in deinem Unterbewusstsein angekommen ist.
Es ist jedoch nicht immer möglich, beim ersten Mal diesen Kontakt auch zu spüren.

Bitte nun Erzengel Zadkiel, dass er dich auf deinem neuen Lebensabschnitt stützt, stärkt, führt und begleitet.
Übergib ihm deine Ängste, deine Zweifel und deine Sorgen und bleib noch ein wenig in seiner Energie.
Bedanke dich bei Erzengel Zadkiel und deinem Verstorbenen.
Kehre nun ganz bewusst in die Gegenwart zurück.
Bewege Arme und Beine, recke und strecke dich ein wenig, und wenn du soweit bist, öffne wieder deine Augen.

Kapitel 08 – Ein persönlicher Erfahrungsbericht

Was Tod und Trauer bedeuten habe ich mein Leben lang nicht wirklich begriffen. Ich ging noch zur Schule, als mein Großvater, der in Deutschland lebte, schwer erkrankte und nach längerem Leiden verstarb. Mir war, als hätte ich einen guten Freund verloren, ich bedauerte ihn sehr und vermisste seine Briefe, die er mit liebgewordener Regelmäßigkeit an mich geschickt hatte. Ähnliches empfand ich, als sich meine geliebte Großmutter im hohen Alter friedlich und fast unbemerkt in ihrer gewohnten Bescheidenheit verabschiedete. Betrübt aber gefasst nahm ich an ihrem Begräbnis teil, den natürlichen Ablauf ihres langen Lebens empfand ich als Verlust, konnte ihn aber als unausweichlichen Endpunkt mit Fassung akzeptieren.

Gar nicht gut kam ich mit dem unvorhersehbaren Tod eines in loser Freundschaft verbundenen Schulkameraden zurecht. Als Klassenprimus hatte er sich einem technischen Studium zugewandt und seine Berufslaufbahn in der Führungsetage eines namhaften Unternehmens erwartungsgemäß fortgesetzt. Doch plötzlich ließen ihn private Probleme, Alkohol und schließlich der folgende Jobverlust und seine Scheidung in freiem Fall in eine Existenzkrise stürzen, aus der er keinen Ausweg fand. Obwohl ich diese Tragödie nur aus einer mittelbaren Distanz nachvollzog, plagten mich jahrelang die Erinnerungen an ihn und immer wieder musste ich mich der nicht zu beantwortenden Frage stellen, ob ich nicht doch hätte eingreifen können, Hilfe leisten und aktive Anteilnahme an seinen Problemen hätte nehmen müssen. Ich habe zwar einige Begründungen und Erklärungen für mich gefunden, doch blieben gewisse Zweifel auf Dauer bestehen. So konnte ich bisher mit der menschlichen Endlichkeit einigermaßen gefasst und ohne allzu tiefe Erschütterung umgehen und schob die Gedanken an das eigene Schicksal immer beiseite oder vor mir her.

Doch vor fünf Jahren wurde es auf einmal eng. Ich erinnere mich noch genau an die Situation: Meine Frau, die wegen einer Blinddarmreizung in Behandlung stand, rief mich im Büro an und teilte mir so kurz, wie man es kürzer nicht sagen kann, wenn einem die Angst die Kehle zuschnürt, mit, dass sie Krebs habe. In diesem Moment schien ich mit Schreibtisch, Sessel und Telefonhörer am Ohr in einen tiefen Abgrund zu stürzen. Mir wurde gleichzeitig heiß und kalt, der Puls pochte wie Hammerschläge in den Ohren und eine plötzliche Übelkeit stieg in mir auf. In meinem Schock, der mich hinderte, auch nur ansatzweise einen klaren Gedanken zu fassen, stammelte ich etwas wie „möglicher Irrtum, moderne Medizin und Heilungschancen" in den Hörer, ohne aber wirklich daran zu glauben. Meine Frau legte auf.

Es folgten drei angsterfüllte Jahre. Hoffnung wechselte mit Zweifel, kleinen Fortschritten folgten große Rückschläge, die Zuversicht zerbröckelte zwischen häuslichen Therapien, Spitalsaufenthalten und Operationen, die Zustände wurden immer dramatischer bis nur noch der brennende und innige Wunsch blieb, ein Wunder möge geschehen. Aber Wunder geschehen nur selten, sehr selten und in unserem Fall eben nicht.

Nichts in meinem Leben war jemals so eindrücklich, so schmerzlich und so aufwühlend wie der Moment des Todes meiner Frau. Ich hörte die letzten Atemzüge, ich hielt ihren Kopf zwischen meinen Händen, ich rief sie und redete wie besessen auf sie ein, ich wollte sie bei mir halten und fühlte dennoch wie sie ging. Ich legte meinen Kopf auf ihren Leib und streichelte ihre Beine. Ich sprach über meine Liebe zu ihr, ich fühlte die Hilflosigkeit und die Aussichtslosigkeit meines Tuns und ich konnte nicht einmal weinen. Ab dem Moment, als Ärzte und Schwestern mit ernster Miene eintraten, handelte und reagierte ich mechanisch, gefasst, wie in Trance. Diese Starre löste sich erst als ich wieder zuhause war: Abends, ganz allein, allein auf immer.

Um mich beklemmende Stille, das Bett viel zu groß, das Kopfkissen neben mir leer und glatt gestrichen. Ich vermeinte die lautlose Stille zu hören, als mich ein leiser Schauer überfiel. Zuerst dachte ich an eine Erkältung, die sich jetzt bemerkbar machte, dann spürte ich ein prickelndes Rieseln, am ehesten mit einem schwachen elektrischen Strom vergleichbar, der durch meinen Körper auf und ab zog. Und während ich noch in mich hineinfühlte und überlegte, wie ich mit einer Grippe zurechtkommen würde, durchzuckte mich ein Gedanke, eine ganz spontane Erinnerung an eine lange zurückliegende Situation.

Irgendwann, viele Jahre zuvor hatte ich mit meiner Frau darüber diskutiert, was wohl geschehen würde, wenn einer von uns beiden den anderen durch Tod verlieren würde. Kein Gedanke an eine Erkrankung, wir dachten eher an einen Unfall oder an unser unterschiedliches Lebensalter. Sie war sieben Jahre jünger und ich versicherte ihr, dass ich als Mann rein statistisch gesehen eine kürzere Lebenserwartung hätte. Sie aber behauptete unnachgiebig, nicht alt zu werden. So einigten wir uns damals, dass derjenige, der zuerst gehen müßte, alles nur Mögliche tun würde, um mit dem anderen in Verbindung zu kommen. Gedacht, gesagt und wieder vergessen. Gerade dieses Gespräch schoss mir im Augenblick meines Fröstelns durch den Kopf und im selben Moment verstärkte sich das durchströmende Gefühl und schwoll an und ab. Wie eine Bestätigung!

Obwohl ich die Vorstellung an diese Möglichkeit mit meinem Verstand sofort beiseite schieben wollte, gelang es nicht. Immer wieder zogen die Schauer nicht enden wollend durch meinen Körper, bis ich zögernd voller Zweifel halblaut die Frage stellte: „Bist Du das?“ Die Antwort kam prompt: Noch viel stärker durchfuhr mich das seltsame Gefühl. Und das ging so weiter, bis ich aus Erschöpfung einschlief. Sehr früh nach nur wenigen Stunden erwachte ich, müde und zerschlagen, denn die vorangegangenen Wochen hatten wohl sehr an meinen Nerven und physischen Kräften gezehrt. Dennoch versuchte ich sofort, mich an das Erlebnis dieser Nacht zu erinnern und die Richtigkeit meines nun bereits mit leiser Hoffnung erfüllten Verdachtes zu prüfen. „Bist Du bei mir?“ Kaum gedacht überfiel mich neuerlich ein Schauer, der mich frösteln ließ und zugleich einen kleinen Glücksstrahl in mein Herz schickte.

Nun, es blieb nicht bei diesem ersten Erlebnis, dieser ersten Begegnung, sondern es ereignet sich noch immer, bis heute. Unregelmäßig, in kurzen oder längeren Abständen, meist nicht einmal wenn ich es will und wünsche, sondern oft ganz unerwartet, bei Nacht, bei Tag, in allen möglichen und unmöglichen Augenblicken.

Ich habe mittlerweile gelernt, diese Verbindung über den Tod hinaus mit großer Dankbarkeit, Freude und Beglückung anzunehmen. Ich betrachte das als ein letztes, riesengroßes Geschenk, das mir meine Frau in ihrer Liebe gemacht hat und als eine Gnade, die mir zuteil wurde. Ohne mein Zutun, ohne meinen Verdienst, ohne Anspruch. Im Laufe der Zeit konnte ich eine einfache Form des Dialogs entwickeln und verstehen lernen, sodass ich sogar gezielt auf bestimmte Fragen eindeutige Antworten erhalte.

Die Möglich der Kontaktnahme über den Tod hinaus hat mir nicht nur das beglückende Gefühl gegeben, besser gesagt die Gewissheit, dass nach dem Ableben nicht alles zu Ende ist. Ich habe nach meinem lebenslangen Zweifeln, meiner Skepsis über die Unendlichkeit jetzt die Sicherheit gewonnen, dass der Tod wirklich nur ein Übergang von unserer Welt in eine andere Form des Lebens ist und dass jenseits des Überganges in der Nähe unseres Schöpfers die Seelen weiterexistieren. Das ist mein persönlicher Gottesbeweis.

Mittlerweile durfte ich zahlreiche Erfahrungen machen und

Botschaften empfangen, die mir Stück für Stück, so wie man ein Puzzlespiel oder ein Mosaik zusammensetzt, ein ständig wachsendes Bild gewähren. Meine Neugier ist groß, groß ist auch meine Ungeduld, doch lerne ich täglich, mich in Geduld zu üben, zu warten und vor allem zu vertrauen. Diese Eigenschaften, die nie zu meinen Stärken zählten, befähigen mich allmählich, in kleinen Schritten kleine Teile eines großen Bildes zu erkennen. Jede neue Erkenntnis empfinde ich ungeheuer beglückend, wenn ich auch davon ausgehe, in diesem irdischen Leben wahrscheinlich nur einen winzigen Bruchteil des Ganzen erfahren zu können.

In den ersten Tagen und Wochen wagte ich nicht, meine Erlebnisse nach außen zu tragen, obwohl ich das dringende Bedürfnis verspürte, es herauszuschreien und alle Welt an dieser beglückenden Erfahrung teilhaben zu lassen. Anfangs glaubte ich sogar, meinen Sinnestäuschungen erlegen zu sein oder in meiner tiefen Trauer den Verstand einzubüßen. Schließlich nahm ich all meinen Mut zusammen und als ich überzeugt war, dass meine Erlebnisse wahrhaftig und keine Trugbilder sein konnten, vertraute ich mich zuerst meinen Kindern, meinen anderen Familienmitgliedern etwas später an. Zu meinem nicht geringen Erstaunen zweifelten sie nicht an meinem Verstand, sondern konnten meine Ausführungen annehmen, wenn auch natürlich nicht begreifen. Sie bedauerten nur, nicht selbst diese Verbindung zu ihrer Mutter, ihrer Tochter finden zu können. Seither halte ich sie über meine Begegnungen und Botschaften am Laufenden.

Die nächste Schwelle, die vor mir lag, war zu überlegen, wen ich aus meinem Freundes- und Bekanntenkreis einweihen durfte. Ich fand, so sehr ich auch erwog und zauderte, keine mir passend erscheinende Vorgangsweise. Mein Kopf stand mir in dieser Sache mehr im Weg, als mir mein Verstand helfen konnte. Also verhielt ich mich abwartend und agierte spontan auf sich bietende Gelegenheiten. Und die kamen erstaunlicherweise der Reihe nach, Schlag auf Schlag, ganz ohne einen strategischen Plan.

Und was mich dabei am allermeisten überraschte: Kein einziger legte mitleidig die Hand auf meine Schulter oder riet mir, eine fachkundige Hilfe in meinem scheinbaren Verwirrungszustand anzunehmen. Nein, ausnahmslos alle hörten staunend und ungläubig zu, zweifelnd, aber ernst und offen. Es kamen gute Gespräche zustande, die ich nie für möglich gehalten hätte, vertrauensvoll, ehrlich und voll Sinnsuche. Einige begannen sich sogar soweit zu öffnen, dass wir über Gott, den Glauben, das Leben und den Tod, das Jenseits, die Engel, den Himmel und die Hölle, das Gute und das Böse, kurz gesagt über den Sinn des Lebens und die Schöpfung sprechen konnten. Ich erlebte fast tagtäglich wunderbare Gespräche, offene Herzen, Sorgen, Nöte, Freuden und immer wieder den Wunsch nach dem Weiterleben, nach bedingungslosem Vertrauen und nach Wahrhaftigkeit.

Jene Freunde, die sich schon vor vielen Jahren spirituellen Themen geöffnet hatten, kann ich durch mein neu gewonnenes Verständnis erstmals richtig verstehen. Ich begreife allmählich ihre „Sprache", habe erkennt, was sie meinten, wenn sie von Engeln oder dem „Zweier-Programm" sprachen und kann nun nachvollziehen, wie energetische Arbeit an anderen Menschen funktioniert. Ich brauche auch ihre gechannelten Botschaften nicht mehr anzuzweifeln oder telepathische Fähigkeiten nicht ins Reich der Fantasie zu verweisen. Auch mache ich mir keine Sorgen mehr darüber, dass sie sich in ihrer spirituellen Ausrichtung in etwas verlaufen könnten. Aber auch ich werde von diesen Freunden nun ganz anders wahrgenommen, als einer von ihnen, der mit einem lauten Knall „erweckt wurde", sich mit Lichtgeschwindigkeit spirituell entwickelt und die Zusammenhänge zwischen der irdischen und der Geistigen Welt mehr und mehr begreift.

Für die mir zugekommene Gewissheit, die mich vom religiösen „Glauben-Müssen" befreit hat, habe ich mich mittlerweile hunderte Male bedankt: Bei meiner Frau, bei Erzengeln und Schutzpatronen und sogar bei Aufgestiegenen Meistern, die sich mit mir verbunden haben. Es würde hier den Rahmen sprengen, in allen Einzelheiten darauf einzugehen. Allerdings habe ich mich dazu durchgerungen, meinen Weg zu den Engeln, den ich beschreiten darf, in einem eigenen Buch zu beschreiben, das ich bereits begonnen habe. Damit will ich anderen Menschen Mut machen, sich entweder auf diesen besonderen Weg getrost einzulassen, oder aber, wenn sie schon am Weg sind, sich vertrauensvoll zu outen. Sie dürfen sich auf tiefgehende und ergreifende Berührungen mit Oben und mit lieben Mitmenschen freuen.

Meine Ausführungen sollen natürlich nicht darüber hinwegtäuschen, dass ich die Trennung von meiner Frau überwunden hätte. Tagtäglich werde ich von Erinnerungen eingeholt, sehe immer wieder und mit unglaublicher Deutlichkeit einzelne Szenen des Leidensweges vor mir und spüre die Endgültigkeit der irdischen Trennung als tiefen geradezu körperlichen Schmerz. In meinem ganzen bisherigen Leben habe ich nicht so viel seelisches Leid, Niedergeschlagenheit, Wut über das vermeintlich „ungerechte Schicksal", Hilflosigkeit und Ohnmacht verspürt, geweint und hinausgeschrieen, wenn ich mit mir alleine war. Noch immer erlebe ich Momente der Verzweiflung und des Verlassenseins. Dennoch, mich trägt die unglaubliche Überzeugung an das Weiterleben nach dem Tod, die Gewissheit des „Wiedersehens" und die Hoffnung auf Weisheit, Erfüllung und unendliche, unbegrenzte Liebe, die mir dezidiert in Aussicht gestellt wurden.

Kapitel 09 - Hilfsmittel aus der Engelwelt

Benützt die neuen spirituellen Hilfsmittel zur Verbesserung eures Lebens.

Kryon (27)

Die Neue Zeit

>>Schwingungserhöhung auf dem Planeten Erde<<

Die Menschheit geht seit einigen Jahrzehnten in ein neues Zeitalter hinein, das nichts mit einer historischen Epoche im herkömmlichen Sinn zu tun hat. Es geht um eine weitaus größere Dimension: Sie befindet sich am Beginn des so genannten Wassermann-Zeitalters, des Goldenen Zeitalters, wie es auch genannt wird. Uralte Systeme der Zeitrechnung, wie etwa der Maya-Kalender, der seit Zigtausenden von Jahren nichts an Gültigkeit verloren hat, belegen übereinstimmend, dass im Jahr 2012 eine ca. 26.000-jährige Epoche zu Ende gehen und eine neue beginnen wird. Diesen Zeitabschnitt nennt man ein Kosmisches Jahr.

Ein Kosmisches Jahr wiederum unterteilt sich - ähnlich unserem Kalender - in zwölf Kosmische Monate. Wir leben nun im auslaufenden Fische-Zeitalter, das etwa um Christi Geburt begann und zur Wintersonnenwinde des Jahres 2012 enden wird, und gehen hinein ins Wassermann-Zeitalter, das die Menschheit die nächsten 2.000 Jahre prägen wird. Gleichzeitig mit diesem Wechsel

(27) Kryon: siehe Glossar

steuert unser Planet in eine erhöhte Schwingungsebene. Wissenschaftler sprechen von dramatischen geophysikalischen und seismischen Veränderungen, die uns bevorstehen.

Kosmische Strahlungen, die seit geraumer Zeit in einem veränderten Winkel auf der Erde auftreffen, erhöhen nicht nur die Frequenz im feinstofflichen menschlichen Körper. Auch die Frequenz des biologischen Körpers ist davon betroffen. Dabei kommt es häufig zu weniger angenehmen körperlichen Symptomen wie chronischer Müdigkeit, Schlafstörungen, Schmerzanfälligkeiten oder mentalen Störungen. Diese Symptome konnten in vielen Fällen bisher von der Schulmedizin nicht behoben werden.

>>Der Transformationsprozess<<

Die so genannte Neue Zeit, auch New Age oder Wassermann-Zeitalter genannt, ist eng verknüpft mit dem Transformationsprozess, der bereits seit etwa Mitte der Achtzigerjahre des letzten Jahrhunderts weltweit - merklich oder unbemerkt - intensiv abläuft. Dieser Prozess wird seinen Höhepunkt bis zum Jahr 2012 erreicht haben. Die energetische Anpassung der Menschen an die immer höher schwingenden Energien auf dem Planeten wie auch in der Aura jedes Einzelnen erfordert neue Hilfsmittel, da die Wirkung der „alten" Mittel zunehmend abgeschwächt werden wird. Die Menschheit benötigt eine entsprechende Begleitung im Transformationsprozess. Gleichzeitig müssen Krankheit und Genesung neu definiert werden. Das bestehende Gesundheitswesen kapituliert vor immer neuen, komplexeren Krankheiten trotz erstaunlicher medizinischer Fortschritte. Der Mensch muss endlich in seiner Gesamtheit erfasst und als solcher auch in den Heilungsprozess mit einbezogen werden!

Engelsymbole und Engelessenzen, Energetische Hilfen für eine neue Zeit

Die Engelwelt stellt den Menschen seit einigen Jahren völlig neue Energieformen für energetische „Heilarbeit" zur Verfügung, die gebündelte, kraftvolle Engelenergien in sich abgespeichert haben: Engelsymbole und Engelessenzen. Diese wirken auf drei Ebenen. Über die Farbfrequenz, die Symbolschwingung und die Engelenergien, die sowohl auf den Symbolen als auch in den Essenzen enthalten sind. Beide sind energetisch versiegelt und können deshalb keine belastenden Energien von außen annehmen.

Engelsymbole und Engelessenzen nehmen den Menschen keine Probleme ab und lösen keine Lernsituationen in Luft auf. Im Gegenteil: Sie schicken sie in die Eigenverantwortung und bestärken sie, neue Wege zu beschreiten. Diese neuen Hilfsmittel aus der Engelwelt sind wie Wanderschuhe, die Schutz und Halt verleihen. Natürlich kann man seinen Weg auch barfuss zurücklegen, mit Blasen und blutigen, offenen Füßen. Doch die Zeiten, da alles mühsam erfahren und durchlebt werden musste, sind endgültig vorbei. Leiden gehört noch zur Energie der Alten Zeit, des Fische-Zeitalters. Menschen müss(t)en nicht mehr leiden und benötigen Krankheit nur mehr als Korrektiv, als Karmaerlösung, oder um zu höherem Bewusstsein zu gelangen.

Menschen, die mit Engelsymbolen und Engelessenzen arbeiten, bemerken oft nach kurzer Zeit, dass sie einen leichteren Zugang zur Engelwelt finden. Auch stark „kopflastige" Menschen berichten immer wieder von dieser Erfahrung. Andere wiederum erkennen leichter die Zusammenhänge zwischen ihrer Krankheit und den Ursachen, die zu dieser Krankheit geführt haben. Darüber hinaus unterstützen die Symbole und Essenzen den Einzelnen, um Selbstverantwortung für sein Leben, anstehende Entscheidungen oder sogar unangenehme Veränderungen anzunehmen.

>>Was bewirken nun diese Hilfsmittel aus der Engelwelt?<<

Emotionale Belastungen, die viele Menschen aus diesem oder früheren Leben mitbringen, die sowohl im Zellgedächtnis als auch in der Aura abgespeichert sind, werden oft über viele Jahre und Jahrzehnte mitgeschleppt. Überholte Gedankengänge, Sichtweisen, Verhaltensmuster und Zwänge, aber auch alte, überholte Gelübde (zum überwiegenden Teil aus früheren Inkarnationen!) sind es, die den Menschen in seiner persönlichen wie auch spirituellen Entwicklung hindern. Wie viele Sitzungen bei Therapeuten sind dafür oft nötig, um diese Blockierungen wieder loszuwerden!

Engelsymbole und Engelessenzen lösen diese Blockaden in Aura und Chakren auf rasche und unkomplizierte Art und Weise. Mit dem Auflegen eines Engelsymbols am Körper lösen sich feinstoffliche Energieblockaden innerhalb weniger Sekunden und werden in positive Energien transformiert. Die Aura wird gereinigt, deformierte oder schwache Chakren korrigiert und neu aufgeladen.

Nicht nur in der Energie-Arbeit, auch im Alltag lassen sich Engelsymbole und Engelessenzen leicht und unkompliziert einsetzen. So kann man damit Wasser und Nahrungsmittel energetisieren, chemische Hilfsmittel feinstofflich-energetisch entstören oder beispielsweise Kosmetikprodukte mit Engelenergien aufladen. Mit Hilfe der Engelsymbole kann man Schutz- und Heilkreise für schwierige Lebenssituationen oder kranke Menschen legen und damit die Hilfe der Engelwelt herbeirufen. Der eigenen Intuition sind dabei keine Grenzen gesetzt.

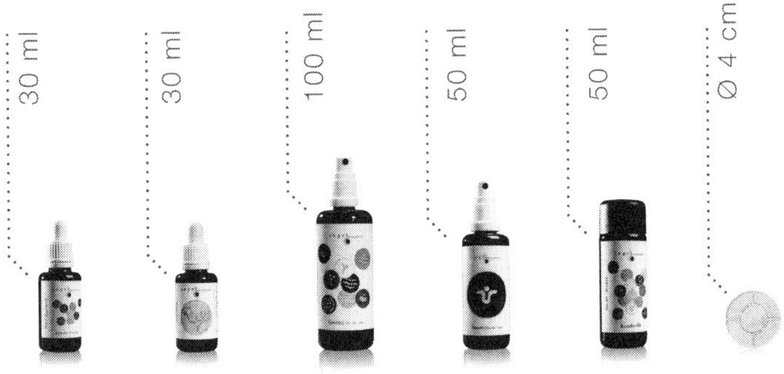

>>Engel mögen es einfach - wir Menschen sind oft zu kompliziert<<

Die immer weiter voranschreitenden Veränderungen auf unserem Planeten und die rasante spirituelle Entwicklung vieler Menschen erfordern, dass Veränderungen immer schneller vonstatten gehen. Energetische Veränderungen, für die man früher Stunden gebraucht hat - sei es in Ritualen oder langwierigen Meditationen - dürfen heute in wenigen Minuten ablaufen. So gibt es beispielsweise verschiedene (aufwändige) Methoden, Heilkristalle oder Blütenessenz-Flaschen zu reinigen. Verwendet man dafür jedoch Engelsymbole oder Engelessenzen, sind Kristalle oder Flaschen innerhalb weniger Sekunden energetisch völlig rein.

Engelessenzen und Engelsymbole werden auch als „Helfer für die Helfer" bezeichnet. Energetiker oder Heilpraktiker, aber auch Laien können ihre Fähigkeiten mit den Engelhilfen koppeln - dadurch entsteht ein noch wirksameres, intensiveres und tief greifendes Energiepotenzial, als ihnen sonst gegeben ist. Selbst Menschen, die eine rein schulmedizinische Ausbildung und keinerlei spirituelle Kenntnisse haben, können feinstoffliche Engel-Heilarbeit leisten, sobald sie die Engelsymbole und Engelessenzen in ihre Arbeit integrieren. „Wer sich ohne Vorurteile auf diese Dimension von Heilung einlässt, wird von den Möglichkeiten absolut überrascht sein", ist die überzeugte Meinung des Zahnarzts Dr. Hans-Peter Brors aus Kempen (Deutschland), der die Engelsymbole und Engelessenzen sehr erfolgreich in seiner Praxis zum Einsatz bringt.

Ein wichtiger Aspekt bei der Arbeit mit den Engelessenzen und Engelsymbolen ist die Hilfe zur Selbsthilfe. Es ist wichtig, sich nicht von anderen Menschen, Lehrern oder Gurus abhängig zu machen und ihnen hinterherzulaufen. Engel wollen Menschen in deren alleinige Selbstverantwortung schicken.

Nun zu den Engel-Hilfsmitteln im Einzelnen:

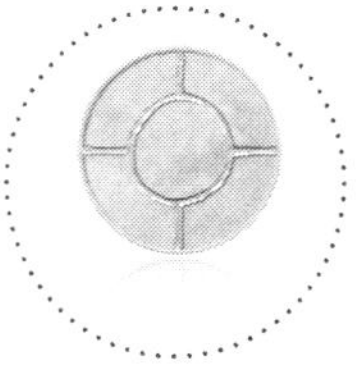

Engelsymbole - Schlüssel zur Engelwelt

Engelsymbole sind - ebenso wie Engelessenzen und Engelöle - Geschenke aus der Engelwelt. Sie harmonisieren den feinstofflichen Körper und die Chakren und befreien die entsprechenden Auraschichten von emotionalen, mentalen und geistigen Blockaden. Engelsymbole sind wie Schlüssel zur Engelwelt, die für viele Menschen noch neu und unbekannt sind, ihnen jedoch den Zugang zur Geistigen Welt eröffnen können.

>>Engelessenzen<<

Engelessenzen enthalten die feinstofflichen Energien und Farbschwingungen der Engelsymbole. Sie bestehen aus einem Wasser-Alkohol-Gemisch und sind - wie die Engelsymbole selbst - energetisch versiegelt. Das heißt, sie nehmen keine Energien von außen auf und können sogar von mehreren Menschen gleichzeitig verwendet werden. Engelessenzen werden von Hand abgefüllt und etikettiert. Dunkelviolettes Glas schützt die Trägersubstanz Wasser-Alkohol, die Engelwelt sorgt für permanentes energetisches Nachladen der Essenzen. Damit wird eine optimale und hohe Qualität gewährleistet.

>>Engelöle<<

Engelöle enthalten ebenfalls die feinstofflichen Engelenergien und Farbschwingungen der Engelsymbole. Als Trägersubstanz wird reines, hochwertiges Jojoba-Öl verwendet. Engelöle werden direkt am Körper, entweder auf Chakren, wichtige Körperpunkte, auf Meridiane, Fußreflexzonen, auf größere Hautzonen oder intuitiv nach eigenem Empfinden aufgetragen. Engelöle sollten nur äußerlich und nicht auf verletzter oder irritierter Haut angewendet werden.

>>Engel-Aura-Essenzen<<

Dabei handelt es sich um Engel-Essenzen, die in die Aura eines Menschen, eines Tieres oder einer Pflanze gesprüht werden. Das Alkohol-Wasser-Gemisch wird mit reinen ätherischen Ölen beduftet, von der Engelwelt energetisiert und energetisch versiegelt. Engel-Aura-Essenzen stärken, reinigen und schützen die Aura und Chakren des Menschen, werden aber auch in Wohnräumen, Therapieräumen, Kindergärten, Schulen, sowie in Krankenzimmern gerne verwendet.

>>Wie Engelessenzen und Engelöle wirken<<

Die in diesem Praxishandbuch dargestellten Engelessenzen und Engelöle wirken, indem sie

- Blockaden im feinstofflichen Körper lösen
- Chakren energetisieren und aktivieren
- belastende Informationen aus der Aura löschen

- Verletzungen der Aura lösen sowie
- einen energetischen Schutzmantel bilden.

>>Das Besondere an diesen Engelessenzen und Engelölen<<

Die Engelessenzen und Engelöle enthalten besonders hoch schwingende, feinstoffliche Engelsenergien. Sie werden den Essenzen und Ölen direkt von der Engelwelt zugeführt und benötigen daher keine Schwingungen von Pflanzen, Kräutern, Farben oder Kristallen.

- Während die meisten Blütenessenzen vorwiegend in den unteren Auraschichten wirken (Ätherischer, Emotionaler, Mentaler und Astraler Körper), erreichen die Engelessenzen und Engelöle auch die darüber liegenden Aura-Schichten (Ätherische Blaupause, Himmlischer Körper, Kausaler Körper und darüber hinaus). Das heißt, selbst wenn die zu bearbeitende feinstoffliche Blockade in höheren Aura-Schichten verankert ist, kann sie von Engelessenzen / Engelölen aufgelöst werden. Engelessenzen und Engelöle werden besonders gerne von sensitiven Menschen verwendet, die in ihrer persönlichen oder spirituellen Entwicklung vorankommen möchten oder schon weit fortgeschritten sind. Je „feinstofflicher" jemand ist, desto besser wird er die Wirkung dieser Engelessenzen / -öle spüren. Aber auch Neugeborene, Kinder, sogar Pflanzen und Tiere reagieren sehr gut auf diese Engel-Essenzen und -Öle.
- Eine weitere Besonderheit stellt die permanente energetische Aufladung der Engelessenzen und Engelöle durch die Engelwelt dar. Mit den energetischen und feinstofflichen Veränderungen, die bereits seit einigen Jahren im Gange sind bzw. in den nächsten Jahren noch zu erwarten sind, werden auch diese Engelessenzen und -öle in ihrer Schwingung von der Engelwelt angehoben und „nachjustiert". Sollten Menschen versuchen, diese Engelessenzen jemals manipulativ einzusetzen, würde die Engelenergie sofort abgezogen werden.

PRAXISTEIL

Anwendungsbereiche der wichtigsten Engelessenzen und Engelöle für Krankheit, Tod und Trauer

Bitte beachten Sie an dieser Stelle noch einmal, dass Engelessenzen und Engelöle feinstoffliche Hilfsmittel sind, die auf den Aura- und Chakrenebenen wirken. Sie sind keine Medikamente oder Heilmittel im medizinischen Sinne und ersetzen weder Arzt noch medizinische Maßnahmen! Die Wirksamkeit der hier beschriebenen Engelhilfsmittel im feinstofflichen Bereich ist immer auch von der persönlichen Einstellung und der individuellen, spirituellen Entwicklung jedes Einzelnen abhängig!

i

Aura-Essenz   Öl / Kombi-Öl   Essenz / Kombi-Essenz

Feinstofflich-energetische Hilfsmittel für Kranke

Abgrenzung: Kranke sind besonders anfällig für Energieverluste bzw. energetische Belastungen, da ihr Körper meist (stark) geschwächt ist. Sie benötigen einen Schutz für die Aura bzw. für eine energetische Unterstützung in ihrem Gesundungsprozess.

- Engel-Aura-Essenz „Energetische Abgrenzung"

Ängste: ... und depressive Verstimmungen sind häufig Begleiter von Krankheiten, die den Gesundungsprozess verzögern oder sogar blockieren können. Ängste sind vor allem im Mentalkörper abgespeichert.

- Engel-Kombi-Essenz / -Öl No. 22 / Doriel
- Engel-Aura-Essenz „Erzengel Jophiel"

Beruhigung: Sorgen, Schlafstörungen, innere Unruhe können zu einer Verzögerung im Genesungsprozess führen. Sie setzen sich als Energieblockaden im Mentalkörper fest.

- Engel-Kombi-Essenz No. 39 / Raniel
- Engel-Aura-Essenz „Erzengel Michael"

Chakren: Diese Energiezentren sind im feinstofflichen Körper mit den Organen verbunden und führen ihnen Lebensenergien zu. Sind die Chakren stark blockiert, geschwächt oder beschädigt, sollten sie unbedingt über einen längeren Zeitraum energetisch aktiviert werden.

- Engel-Kombi-Essenz / -Öl No. 12 / Haziel
- Engel-Aura-Essenz „Erzengel Gabriel"

Energieverlust: Wenn Kraft, Energie und Lebensfreude nach einer (langwierigen) Krankheit oder einer Operation verloren gingen, zeigt sich das auch in einer Schwächung des feinstofflichen Körpers.

- Engelessenz No. 47 / Erzengel Uriel
- Engel-Aura-Essenz „Erzengel Uriel"

Entgiftung: Nach Impfungen, Medikamenteneinnahmen, Infusionen und Narkosen können in der Aura feinstoffliche Blockaden bzw. „Verunreinigungen" zurückbleiben. Eine energetische Reinigung der Aura ist deshalb unbedingt empfehlenswert.

- Engel-Kombi-Essenz No. 04 / Aniel
- Engel-Aura-Essenz „Energetische Reinigung"

Entspannung: Krankheiten und Operationen können körperliche und seelische Anspannungen mit sich bringen, die auch in den Energiekörpern abgespeichert bleiben.

- Engel-Kombi-Essenz No. 39 / Raniel
- Engel-Aura-Essenz „Erzengel Michael"

Immunsystem: Das körperliche Immunsystem kann energetisch stark von seelischen Belastungen beeinflusst werden. Bei Abgeschlagenheit, Beengtheit, Lustlosigkeit aber auch bei Schadstoffbelastungen sollte man auch über eine feinstoffliche Stärkung nachdenken.

- Engel-Kombi-Essenz / -Öl No. 07 / Carmiel
- Engel-Aura-Essenz „Erzengel Raphael"

Karma: Krankheiten oder Behinderungen weisen vielfach auf mögliche karmische Ursachen hin. Auch bei Stagnation im Heilungsverlauf sollte eine Karmabelastung nicht außer Acht gelassen werden. Für alle Arten von Krankheiten, deren Ursprung im Karmischen liegt, ist eine energetische Unterstützung aus der Engelwelt sehr sinnvoll.

- Engel-Kombi-Essenz / -Öl / No. 25 / Cithael
- Engel-Aura-Essenz "Erzengel Zadkiel"

Körperliche Notfälle: Für Notfalls-, Krankheits- und Unfallsituationen sowie bei langwierigen, Kräfte raubenden oder immer wiederkehrenden Erkrankungen gibt es feinstofflich-energetische Hilfen aus der Engelwelt.

- Engel-Kombi-Essenz / -Öl / No. 01 / Lariel - „Körperliche Engel-Notfallstropfen / - Notfallsöl"
- Engel-Aura-Essenz „Erzengel Raphael"

Kraftaufbau: Erzengel Uriel schenkt Kraft, Energie und Lebensfreude nach (langwierigen) Krankheiten, Unfällen oder Operationen, sowie Mut und Zuversicht im Heilungsprozess.

- Engelessenz No. 47 / Erzengel Uriel
- Engel-Aura-Essenz „Erzengel Uriel"

Meridiane (28) : Ist ein Meridian geschwächt, so ist das entsprechende Organ davon auch immer betroffen. Für die Stärkung und Stabilisierung von Meridianen und alle Formen der Meridianarbeit stellt uns die Engelwelt ihre Energien zur Verfügung.

- Engel-Kombi-Essenz / -Öl / No. 13 / Yeliel
- Engel-Aura-Essenz „Erzengel Gabriel"

Muskulatur: Übertriebener Ehrgeiz, Stress und angespannte Lebenssituationen können zu körperlichen Verspannungen führen, die über die Muskulatur zum Ausdruck kommen.

- Engel-Kombi-Essenz / -Öl / No. 58 / Erael
- Engel-Aura-Essenz „Erzengel Michael"

Mutlosigkeit: Eine positive, zuversichtliche Lebenseinstellung ist für den Heilungsverlauf sehr wichtig.

- Engelessenz No. 01 / Engel für Glauben und Vertrauen
  oder
- Engelessenz No. 30 / Engel für Mut und Beharrlichkeit
- Engel-Aura-Essenz „Erzengel Uriel"

Narkose: Narkoseängste und das Gefühl des Ausgeliefert-Seins stellen immer wieder energetische Belastungen dar. Wichtig sind energetischer Schutz und Reinigung der Aura während einer Narkose, um einen Austritt der Seele aus dem Körper bzw. Fremdbesetzungen zu verhindern. Einige Tage vor und nach einer Operati-

(28) siehe Glossar

on verwenden!

- Engel-Kombi-Essenz / -Öl / No. 32 / Sorihael
- Engel-Aura-Essenz „Energetische Abgrenzung“

Operation: Energetische Unterstützung aller Arten von Operationen und schweren Erkrankungen auf der feinstofflichen Ebene sowie bei Ängsten vor medizinischen Eingriffen und vor Krankenhausaufenthalten.

- Engel-Kombi-Öl No. 33 / Curiel
- Engel-Aura-Essenz „Erzengel Uriel“

Organe: Für das Lösen von energetischen Blockaden, die für Über- oder Unterenergie von Organen mitverantwortlich sind. Zur Auflösung von alten „Glaubenssätzen“ und Verhaltensmustern, die mit den Organen im Zusammenhang stehen.

- Engel-Kombi-Öl No. 14 / Corael
- Engel-Kombi-Öl No. 38 / Luciel
- Engel-Aura-Essenz “Erzengel Chamuel”

Reinigung: Zum Reinigen von Aura, Chakren, Gegenständen und Räumen von belastenden Emotionen, negativen Energien, Fremdenergien, anhaftenden Seelen u. a.

- Engel-Kombi-Essenz / -Öl No. 24 / Sorael
- Engel-Aura-Essenz „Energetische Reinigung“

Seelische Notfälle: Angst, Panik, Hysterie, Schreck- und Schocksituationen bleiben in der Aura und in den Chakren über lange Zeit gespeichert.

- Engel-Kombi-Essenz / -Öl / No. 02 / Nanael = „Seelische Engel-Notfallstropfen / - Notfallsöl"
- Engel-Aura-Essenz „Erzengel Uriel"

Strahlungsbelastung: Nach längerer oder wiederkehrender Strahlungsbelastung durch technische oder medizintechnische Geräte sollte die Aura gründlich gereinigt werden. Im Idealfall einige Zeit vor und nach Untersuchungen oder Operationen anzuwenden.

- Engel-Aura-Essenz „Engel Sonael"

Therapieresistenz: Energetischer „Anreisser" bei Blockaden im Heilungsverlauf, mangelndem Willen zur Genesung und Therapieresistenz. In Kombination mit anderen Engelessenzen und -ölen zur Verstärkung von deren Wirkung.

- Engel-Kombi-Essenz / -Öl No. 43 / Loriel - „Die 7 Not - helfer"
- Engel-Aura-Essenz „Engelmeditation"

Viren & Bakterien: Energetisch-feinstoffliche Unterstützung bei Krankheitsanfälligkeit und Dauerinfekten sowie bei Belastungen durch Viren oder Bakterien. Hilfreich bei Selbstüberschätzung, Selbstüberlastung und Abgrenzungsproblemen.

- Engel-Kombi-Essenz / -Öl No. 11 / Lunael
- Engel-Aura-Essenz „Energetische Abgrenzung"

Zellerneuerung, energetisch: Alle Körperzellen haben - nach den Erkenntnissen von Dr. med. Bruce Lipton (29) - so etwas wie eine energetische Zellaura. Beeinflusst man diese durch positive Schwingungen, kann sich das auf den gesamten Genesungsprozess des Körpers positiv auswirken.

- Engel-Transformationsessenz / -Öl No. 02

Feinstofflich-energetische Hilfsmittel für Begleiter

Abgrenzung: Schwere oder langwierige Krankheiten stellen oft eine große Belastung für die Begleitenden dar. Sie benötigen einen Schutz für ihre Aura (30) bzw. eine energetische Unterstützung für Situationen, die viel Kraft erfordern.

- Engel-Aura-Essenz „Energetische Abgrenzung"

Ängste: … und depressive Verstimmungen von kranken Angehörigen oder Patienten können eine große Belastung darstellen. Ebenso eigene Ängste, die aus dem Zusammenleben und der Begleitung von Kranken herrühren können. Diese bleiben im dritten feinstofflichen Körper (=Mentalkörper) abgespeichert.

- Engel-Kombi-Essenz / -Öl No. 22 / Doriel
- Engel-Aura-Essenz „Erzengel Jophiel"

(29) Lipton, Dr.med. Bruce: Intelligente Zellen. Bergrain 2006.
(30) Aura: siehe Glossar

Kraftaufbau: Menschen, die durch die Pflege oder Begleitung selbst energetisch und körperlich (stark) geschwächt wurden, benötigen viel für Kraft, Energie und Lebensfreude aus der Engelwelt.

- Engelessenz No. 05 / Engel für Kraft und Stärke
- Engel-Aura-Essenz „Erzengel Uriel"

Mutlosigkeit, Resignation: Für eine positive, zuversichtliche Grundhaltung bzw. für das Loslassen von Ängsten, Sorgen und immer wiederkehrenden belastenden Gedanken gibt es Hilfen für Chakren und Aura.

- Engelessenz No. 01 / Engel für Glauben und Vertrauen
- Engel-Aura-Essenz „Erzengel Michael"
- Engelessenz No. 36 / Engel für Loslassen
- Engel-Aura-Essenz „Erzengel Gabriel"

Reinigung: Zum Reinigen von Aura, Chakren, Gegenständen und Räumen von belastenden Emotionen, negativen Energien, Fremdenergien, anhaftenden Seelen u. a.

- Engel-Kombi-Essenz / -Öl No. 24 / Sorael
- Engel-Aura-Essenz „Energetische Reinigung"

Seelische Notfälle: Angst, Panik, Hysterie, Schreck- und Schocksituationen bleiben in der Aura und in den Chakren über lange Zeit gespeichert.

- Engel-Kombi-Essenz / -Öl / No. 02 / Nanael = „Seelische Engel-Notfallstropfen / - Notfallsöl"

- Engel-Aura-Essenz „Erzengel Uriel“

Feinstofflich-energetische Hilfsmittel für Sterbende

Abgrenzung: Sterbende sind besonders anfällig für Energieverluste bzw. energetische Belastungen, da ihr Körper meist (stark) geschwächt ist. Sie benötigen einen Schutz für die Aura (31) bzw. eine energetische Unterstützung für den Übergang.

- Engel-Aura-Essenz „Energetische Abgrenzung“

Ängste: ... und depressive Verstimmungen sind häufig Begleiter von Sterbenden, vor allem nach einem schmerzhaften, langwierigen oder hoffnungslosen Krankheitsverlauf. Energetisch hilfreich auch bei Angst vorm Tod und der Frage „Was kommt danach?“

- Engel-Kombi-Essenz / -Öl No. 22 / Doriel
- Engel-Aura-Essenz „Erzengel Jophiel“

Beruhigung: Quälende Gedanken, Schlafstörungen und innere Unruhe machen sich als Energieblockaden auch im feinstofflichen Körper bemerkbar und sollten aufgelöst werden.

- Engel-Kombi-Essenz No. 39 / Raniel
- Engel-Aura-Essenz „Erzengel Michael“

(31) Siehe auch „Die spirituellen Phasen im Sterbeprozess“ ab 89

Depressionen: Können durch lang anhaltende Ängste oder depressive Verhaltensmuster entstanden sein und in Aura und Chakren als energetische Belastungen gespeichert bleiben.

- Engel-Kombi-Essenz No. 45 / Zariel
- Engel-Aura-Essenz „Erzengel Jophiel"

Entscheidung: Zu Beginn des Sterbeprozesses hat die Seele noch die Möglichkeit, sich für das Leben oder für den Tod zu entscheiden (32).

- Engelessenz No. 26 / Engel für Erneuerung und Entwicklung
- Engel-Aura-Essenz „Erzengel Uriel" oder
- Engelessenz No. 04 / Engel für Reinheit und Klarheit
- Engel-Aura-Essenz „Erzengel Michael"

Gnade: Die „Engel für Gnade" können für den Sterbenden eine wichtige Rolle spielen, beispielsweise bei langem und schwerem Leiden. Dürfen diese Engel - in Übereinstimmung mit dem Höheren Selbst - in den Lebensplan und somit in das Karma (33) des Menschen eingreifen, kann unter Umständen die Leidenszeit abgekürzt werden.

- Engelessenz No. 39 / Engel für Gnade
- Engel-Aura-Essenz „Engelmeditation"

(32) siehe auch Seite 89ff
(33) siehe Glossar

Karma (34): Eine der vielen Möglichkeiten Karma abzutragen liegt in Krankheit und Leid. Letztendlich entscheiden darüber die Karma-Engel und das Höhere Selbst des Sterbenden.

- Engel-Kombi-Essenz / -Öl / No. 25 / Cithael
- Engel-Aura-Essenz "Erzengel Zadkiel"

Körperliche Notfälle: Energetische Engelhilfe für Notfalls-, Krankheits- und Unfallsituationen sowie bei langwierigen, Kräfte raubenden oder immer wiederkehrenden Erkrankungen. Für die Beschleunigung des Heilungsprozesses auf der energetischen Ebene.

- Engel-Kombi-Essenz / -Öl / No. 01 / Lariel - „Körperliche Engel-Notfallstropfen / - Notfallsöl"
- Engel-Aura-Essenz „Erzengel Raphael"

Kraftaufbau: Der Sterbevorgang ist - ähnlich einer Geburt - ein Prozess, der sehr viel Kraft und Energie verbraucht. Vor allem dann, wenn eine lange oder schwere Krankheit vorangegangen ist, bzw. die Seele noch nicht endgültig entschieden hat, ob sie bleibt oder gehen wird.

- Engelessenz No. 47 / Erzengel Uriel
- Engel-Aura-Essenz „Erzengel Uriel"

(34) siehe Glossar

Loslassen: Manche Sterbende haben einen langen Übergangsprozess, weil sie vom Leben, von Menschen, von unerledigten oder ungeklärten Situationen oder von materiellen Dingen nicht loslassen können oder wollen. Diese Essenz sollte gleichzeitig von Angehörigen verwendet werden, um ein Loslassen ihrerseits zu unterstützen.

- Engelessenz No. 36 / Engel für Loslassen
- Engel-Aura-Essenz "Erzengel Gabriel"

Panik: Beim Sterbevorgang geraten manche Menschen in Panik, da dieser Vorgang für sie ein völlig neuer und vielleicht beängstigender Prozess ist. Für die Beruhigung von Sterbenden und Angehörigen (siehe Pkt. Loslassen).

- Engel-Kombi-Essenz No. 41 / Somiel
- Engel-Aura-Essenz "Erzengel Michael"

Reinigung: Zum energetischen Reinigen von Kranken- und Sterberäumen.

- Engel-Aura-Essenz „Energetische Reinigung"

Resignation, Mutlosigkeit: Der Sterbeprozess kann emotional manchmal als eine genauso viel Kräfte und Energie raubende Situation empfunden werden wie eine schwierige Geburt. Der Sterbende steht vor dem Übergang und hat allen Mut verloren (siehe auch Pkt. Ängste).

- Engelessenz No. 30 / Engel für Mut und Beharrlichkeit
- Engel-Aura-Essenz "Erzengel Uriel"

Sterbeprozess: Dieser Vorgang kann Stunden, Tage, ja sogar Wochen dauern. Die Engel-Sterbe-Essenz hilft in dieser Übergangssituation nicht nur dem Sterbenden, sondern auch den Angehörigen und Begleitern.

- Engel-Kombi-Essenz / -Öl No. 59 / Ismael
- Engel-Aura-Essenz „Erzengel Michael"

Verzeihen: Die Frage von Schuld, Sühne, Vergeben, Vergessen und Verzeihen sind für viele Menschen zentrale Themen im Sterbeprozess. Werden sie nicht gelöst, können sie starke Blockaden und Hindernisse im Übergang darstellen. Die folgenden Essenzen können auch von Angehörigen als Begleitung und Unterstützung verwendet werden!

- Engelessenz No. 48 / Erzengel Zadkiel
- Engel-Aura-Essenz „Erzengel Zadkiel"

Beachten Sie auch die Essenz-Zuordnungen zu den spirituellen Wandlungsphasen im Sterbeprozess ab Seite 90ff.

Feinstofflich-energetische Hilfe für Trauernde

Ängste: ... mit der neuen Situation nicht zu Recht zu kommen, vor finanziellen Problemen, vor der Einsamkeit und der Zukunft sind häufig Begleitumstände von Trauernden, vor allem in der ersten Zeit der Trauerphase. Diese Ängste sind in Aura und Chakren abgespeichert.

- Engel-Kombi-Essenz / -Öl No. 22 / Doriel
- Engel-Aura-Essenz „Erzengel Jophiel"

Beruhigung: Energieblockaden bei quälenden Gedanken, Schlafstörungen, Albträumen und innerer Unruhe.

- Engel-Kombi-Essenz No. 39 / Raniel
- Engel-Aura-Essenz „Erzengel Michael"

Depressionen: siehe Pkt. „Ängste"

- Engel-Kombi-Essenz No. 45 / Zariel
- Engel-Aura-Essenz „Erzengel Jophiel"

Kraftaufbau: Menschen, die durch die Pflege oder Begleitung von Kranken oder Verstorbenen selbst energetisch und körperlich (stark) geschwächt wurden, benötigen eine Stärkung von Aura und Chakren.

- Engelessenz No. 05 / Engel für Kraft und Stärke
- Engel-Aura-Essenz „Erzengel Uriel"

Loslassen: Manche Trauernde halten - ohne es zu wissen oder

gar zu wollen - ihre Verstorbenen in Erdnähe fest, da sie emotional nur sehr schwer loslassen können. Dabei ist das Loslassen ein wichtiger Teil des Trauer- und Heilungsprozesses.

- Engelessenz No. 36 / Engel für Loslassen
- Engel-Aura-Essenz "Erzengel Gabriel"

<u>Panik</u>: Nach dem Tod von Angehörigen geraten manche Menschen in Panik, da sie sich der neuen Lebenssituation nicht gewachsen fühlen. Siehe auch Pkt. „Ängste“

- Engel-Kombi-Essenz No. 41 / Panik
- Engel-Aura-Essenz "Erzengel Michael"

<u>Reinigung</u>: Zum energetischen Reinigen von Kranken- und Sterberäumen. Kleidung, Schmuck und persönliche Gegenstände des Verstorbenen sollten unbedingt mehrmals mit der Engel-Aura-Essenz „Energetische Reinigung“ besprüht werden, bevor sie an andere Menschen weiter gegeben werden, da diese ansonsten die energetischen Belastungen von Krankheit und Tod des Verstorbenen in ihre Aura übernehmen! Diese Energien können jahre- und jahrzehntelang an Gegenständen haften bleiben, wenn diese nicht gereinigt werden!

- Engel-Aura-Essenz „Energetische Reinigung“

<u>Resignation, Mutlosigkeit</u>: Der Trauernde steht vor einem neuen Lebensabschnitt und ist in vielen Fällen damit völlig überfordert. Die Neuausrichtung seines Lebens erfordert Kraft, Mut und Beharrlichkeit, auch im energetischen Bereich.

- Engelessenz No. 30 / Engel für Mut und Beharrlichkeit
- Engel-Aura-Essenz "Erzengel Uriel"

<u>Seelische Notfälle</u>: Zum Beruhigen des feinstofflichen Körpers in Situationen der Angst, Panik und Hysterie; vor einer Beerdigung und für die Trauerzeit. Hilft wieder in die innere Mitte zu kommen. Sehr wirkungsvoll in Kombination mit Engelessenz No. 48 / Erzengel Zadkiel (siehe Trauerbewältigung).

- Engel-Kombi-Essenz / -Öl / No. 02 / Nanael = „Seelische Engel-Notfallstropfen / - Notfallsöl"
- Engel-Aura-Essenz „Erzengel Uriel"

<u>Stagnation im Trauerprozess</u>: Trauerarbeit braucht ihre Zeit. Sie kann Monate oder Jahre erfordern, das ist von Mensch zu Mensch sehr unterschiedlich. Für starke Blockaden im Trauerprozess oder bei mangelndem Willen zur Trauerbewältigung ist folgende Engelessenz / -Öl in Kombination mit anderen Engelessenzen und -ölen zur Verstärkung der Wirkung sehr hilfreich.

- Engel-Kombi-Essenz / -Öl No. 43 / Loriel - „Die 7 Nothelfer"
- Engel-Aura-Essenz „Engelmeditation"

<u>Trauerbewältigung</u>: Trauer ist einer der wichtigsten Prozesse im menschlichen Leben. Wird Trauer verdrängt und nicht gelebt, kann diese zu psychischen und physischen Krankheiten bzw. zu Depressionen führen. Unten angeführte(s) Essenz / Öl ist sehr wirkungsvoll in Kombination mit Engel-Kombi-Essenz / -Öl No. 02 / Nanael (= Seelische Engel-Notfallstropfen / - Notfallsöl)

- Engelessenz No. 48 / Erzengel Zadkiel
- Engel-Aura-Essenz „Erzengel Zadkiel“

Verzeihen: Die Frage von Schuld, Sühne, Vergeben, Vergessen und Verzeihen ist für viele Menschen ein zentrales Thema im Sterbeprozess. Wird sie nicht gelöst, kann sie starke Blockaden und Hindernisse in der Trauerarbeit darstellen.

- Engelessenz No. 48 / Erzengel Zadkiel
- Engel-Aura-Essenz „Erzengel Zadkiel“

PRAXISTEIL

Ausführliche Beschreibung der wichtigsten Engelessenzen und Engelöle für den spirituellen Umgang mit Krankheit, Tod und Trauer

Die Engelessenzen und Engelöle, die in den Kapiteln „Feinstofflich-energetische Hilfsmittel“ für Kranke, Sterbende, Begleiter bzw. Trauernde angeführt sind, werden im nachfolgenden Kapitel ausführlich erklärt.

Engelessenz No. 01 | Engel für Glauben und Vertrauen

Grundthema: Glauben und Vertrauen
Chakrenebene: Stirn-Chakra
Farbfrequenzen: Hellblau
*Affirmation: Ich glaube und vertraue darauf, dass alles in meinem Leben seinen Sinn und seine Berechtigung hat.

Diese Engelessenz kann in folgenden Situationen energetisch hilfreich sein:
Rat- und Mutlosigkeit - Hilflosigkeit - Angst vorm Krankheitsverlauf - Verzagtheit - Versagensängste - Gefühle und Intuition immer wieder in Frage stellen - zwanghaftes Kontrolldenken - Ziele mit K(r)ampf erreichen wollen - Alles und Jedes vielfach hinterfragen - Ausgeliefert-Sein

Energetisch besonders wirkungsvoll in Kombination mit Engel-Aura-Essenz „Erzengel Michael".

Engelessenz No. 04 | Engel für Reinheit und Klarheit

Grundthema: Reinheit, Klarheit, Reinigung, Entscheidung
Chakrenebene: Alle Chakren
Farbfrequenzen: Weiß
*Affirmation: Ich lasse alte blockierende Muster und Illusionen los.

Diese Engelessenz kann in folgenden Situationen energetisch hilfreich sein:

Schwierigkeiten bei Entscheidungen - Klarheit ins Leben bringen - mit der Vergangenheit Frieden schließen - persönliche Entwicklungskrise durchleben - aber auch: Zum Reinigen und Entgiften der Aura und Chakren - zum energetischen Entgiften und Entschlacken des Körpers nach Impfungen, Narkosen bzw. nach Strahlen- oder Chemotherapie

> Energetisch besonders wirkungsvoll in Kombination mit Engel-Aura-Essenz „Erzengel Gabriel" oder „Energetische Reinigung".

Engelessenz No. 26 | Engel für Erneuerung und Entwicklung

Grundthema: Erneuerung, Entscheidung, Umkehr, spirituelle Entwicklung
Chakrenebene: Alle Chakren
Farbfrequenzen: Weiß
*Affirmation: Ich lasse alle Erneuerungen zu und wandle mich im Laufe meines Lebens

Diese Engelessenz kann in folgenden Situationen energetisch hilfreich sein:
Aufbruch und Neubeginn - Rekonvaleszenz - spirituelle Entwicklung - Entscheidung für das Leben - Vergangenheit loslassen - Angst vor Veränderungen - sich von altem Ballast befreien

> Energetisch besonders wirkungsvoll in Kombination mit Engel-Aura-Essenz „Erzengel Gabriel".

Engelessenz No. 30 | Engel für Mut und Beharrlichkeit

Grundthema: Mut, Beharrlichkeit, Ausdauer, Durchhalten, Ausharren
Chakrenebene: Basis-Chakra
Farbfrequenzen: Rot
*Affirmation: Ich nehme mutig und mit allen Konsequenzen die Herausforderungen meines Lebens an.

Diese Engelessenz kann in folgenden Situationen energetisch hilfreich sein:
Schwäche - mangelnde Ausdauer - zu wenig Entschlossenheit - Inkonsequenz - Angst vor Schwierigkeiten - mangelnde Selbstdisziplin - Mutlosigkeit

Energetisch besonders wirkungsvoll in Kombination mit Engel-Aura-Essenz „Erzengel Uriel".

Engelessenz No. 36 | Engel für Loslassen

Grundthema: Loslassen
Chakrenebene: Alle Chakren
Farbfrequenzen: Weiß
*Affirmation: Im Loslassen liegt die einzige Sicherheit.

Diese Engelessenz kann in folgenden Situationen energetisch hilfreich sein:
Angst vor Verlusten - andere Menschen überbehüten - Neigung zu

Sammeln und Horten - Sicherheitsdenken - Besitz- oder Machtstreben - belastende Vorstellungen und Fixierungen

Energetisch besonders wirkungsvoll in Kombination mit Engel-Aura-Essenz „Erzengel Gabriel“.

Engelessenz No. 39 | Engel für Gnade

Grundthema: Gnade, Aufhebung von geistigen Gesetzmäßigkeiten
Chakrenebene: Solarplexus
Farbfrequenzen: Orange-Gold
*Affirmation: Ich erfahre Gnade in meinem Leben.

Diese Engelessenz kann in folgenden Situationen energetisch hilfreich sein:
Bei Schicksalsschlägen - bei schweren oder angeblich unheilbaren Krankheiten - in Extremzuständen - in ausweglosen Situationen - bei Hoffnungslosigkeit - im Sterbeprozess

Energetisch besonders wirkungsvoll in Kombination mit Engel-Aura-Essenz „Engelmeditation“.

Engelessenz No. 47 | Erzengel Uriel

Grundthema: Kraft, Erdung, Zentrierung, Zuversicht, Lebensmut
Chakrenebene: Basis-Chakra
Farbfrequenzen: Rot
*Affirmation: Mit deiner Hilfe lasse ich die Freude in mein Leben.

Diese Engelessenz kann in folgenden Situationen energetisch hilfreich sein:
Bei Energieverlust, Kraft- und Mutlosigkeit - nach einer (langwierigen) Krankheit oder Operation - Unterstützung im Heilungsprozess - bei mangelnder Lebensfreude

Energetisch besonders wirkungsvoll in Kombination mit Engel-Aura-Essenz „Erzengel Uriel".

Engelessenz No. 48 | Erzengel Zadkiel

Grundthema: Vergebung, Verzeihung, Versöhnung, Trauer, Transformation
Chakrenebene: Stirn-Chakra
Farbfrequenzen: Violett
*Affirmation: Mit deiner Hilfe vergebe und erlöse ich.

Diese Engelessenz kann in folgenden Situationen energetisch hilfreich sein:

Schuldgefühle - Verzeihen - Vergeben - Vergessen - Unterstützung im Sterbeprozess - Trauerarbeit - verdrängte und unterdrückte Trauer - Spiritualität in den Alltag integrieren - seinen Platz im Leben neu finden müssen

Energetisch besonders wirkungsvoll in Kombination mit Engel-Aura-Essenz „Erzengel Zadkiel".

Engel-Transformationsessenz / -Öl No. 02

Grundthema: Feinstoffliche Regenerierung der Zell-Aura
Chakrenebene: Alle Chakren
Farbfrequenzen: Smaragdgrün
*Affirmation: Ich bitte um energetische Zellerneuerung für meinen Körper.

Diese Engelessenz / dieses Engelöl kann in folgenden Situationen energetisch hilfreich sein:
Energetische Schwächung von Aura und Chakren und infolge dessen des Körpers oder Teilen davon - negative Lebenseinstellung - negative Gedanken - Sorgen - Pessimismus - Apathie

Energetisch besonders wirkungsvoll in Kombination mit Engel-Aura-Essenz „Erzengel Raphael".

ANIEL | Engel-Kombi-Essenz und Engel-Kombi-Öl No. 04

Grundthema: Energetische, emotionale und chemische Belastungen
Chakrenebene: Herz-, Kehl- und Stirn-Chakra
Farbfrequenzen: Weiß
Körperliche Zuordnung: Erkältung, Entgiftung, Entschlackung, Impfung
*Affirmation: Ich befreie mich von allem, was nicht mehr zu mir gehört.

Diese Engel-Kombi-Essenz / dieses Engel-Kombi-Öl kann in folgenden Situationen energetisch hilfreich sein:

Ausscheiden - Entgiften - Entschlacken - mit Umwelt (-belastungen) nicht klar kommen - sich nicht wehren können - Stockendes (z. B. Erkältung) ins Fließen bringen - sich den notwendigen Raum verschaffen - bei energetischen, emotionalen und chemischen Belastungen.

Empfehlung: Nach einer Chemotherapie oder sonstigen belastenden Therapieformen bzw. Untersuchungen mit Hilfe von technischen Strahlungen könnten die Aura und die Chakren des Betroffenen eine Zeit lang mit dieser Essenz oder diesem Öl energetisch gereinigt werden.

Anwendung Engel-Kombi-Öl: Vermischen Sie 500 ml reines Jojobaöl mit 30 bis 50 Tropfen Engelöl und massieren Sie den Körper großflächig oder partiell damit ein. (Mindestens drei Wochen lang anwenden!)

Energetisch besonders wirkungsvoll in Kombination mit Engel-Aura-Essenz „Energetische Reinigung"

CARMIEL | Engel-Kombi-Essenz und Engel-Kombi-Öl No. 07

Grundthema: Abgeschlagenheit; Beengtheit
Chakrenebene: Herz- und Kehlchakra
Farbfrequenzen: Grün-Weiß
Körperliche Zuordnung: Immunsystem
*Affirmation: Ich befreie mich von allen Begrenzungen.

Diese Engel-Kombi-Essenz / dieses Engel-Kombi-Öl kann in folgenden Situationen energetisch hilfreich sein:

Bewusste oder unbewusste permanente Abwehrhaltung - Kontrollieren und / oder Kontrolliertwerden - Zwängen oder Dauerstress ausgesetzt sein - sich eingeengt fühlen - Lustlosigkeit - Schadstoffbelastung - sich die Probleme anderer zueigen machen - Aufmerksamkeit anderer erzwingen wollen.

Anwendung Engel-Kombi-Öl: Ein paar Tropfen auf den Hals- und Herzbereich auftragen und sanft einmassieren.

Energetisch besonders wirkungsvoll in Kombination mit Engel-Aura-Essenz „Energetische Abgrenzung" oder „Energetische Reinigung".

CITHAEL | Engel-Kombi-Essenz und Engel-Kombi-Öl No. 25

Grundthema: Karmische Muster und Verstrickungen
Chakrenebene: Schulter-, Herzchakra, Solarplexus
Farbfrequenzen: Magenta
Körperlich-energetische Zuordnung: Karma
Körperzone: Linke Schulter, Herz, Magen
*Affirmation: Ich lege alte Rollen ab.

Diese Engel-Kombi-Essenz / dieses Engel-Kombi-Öl kann in folgenden Situationen energetisch hilfreich sein:

Das Akzeptieren von erblichen Belastungen auf der körperlichen und / oder seelischen Ebene - körperliches und / oder seelisches Leiden - unheilbare Krankheit - körperliche Entstellungen durch Krankheit oder Unfall - Verlust eines Menschen durch Krankheit, Unfall oder plötzlichen Tod - körperliche Missbildung - „Schicksalsschlag" - schwierige Familienkonstellationen - mit einer Behinderung leben - Totgeburt - Fehlgeburt - Schuldgefühle - unangenehme Verhaltensmuster - aus Problemen nichts lernen - belastende Charaktereigenschaften - Prinzipien und Dogmen nicht loslassen - karmische familiäre Verstrickungen - wiederkehrende Muster - belastende karmische Situationen erkennen und beenden.

> Besonderheit: Die Engel-Kombi-Essenz / das Engel-Kombi-Öl ist für alle Arten von (Reinkarnations)-Therapien und für alle Probleme, die mit früheren Leben verknüpft sind, geeignet. Essenz / -Öl transformiert jene Aura-Schicht, in der die karmischen Muster und Blockaden abgespeichert sind. Sowohl Essenz als auch Öl können in Kombination mit jeder / jedem anderen Engel-Essenz / -Öl verwendet werden.

Durch die Anwendung von Essenz / Öl wird die Energie von Karma-Engeln fokussiert. Dies dient auch als Vorbereitung, Verstärkung oder Nachbereitung von Energiearbeit, kinesiologischen Balancen, Rückführungen, Rebirthing-Arbeit und Familien-Aufstellungen (35).

Anwendung Engel-Kombi-Öl: Ein paar Tropfen auf Herz- und Bauchbereich bzw. am Karma-Chakrenpunkt auf der linken Schulter, oberhalb des Nabels (= Solarplexus) oder im Herzbereich auftragen und sanft einmassieren.

Energetisch besonders wirkungsvoll in Kombination mit Engel-Aura-Essenz „Erzengel Zadkiel"

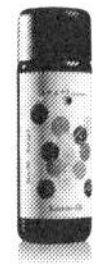

CORAEL | Engel-Kombi-Öl (keine Essenz) No. 14

Grundthema: Über- bzw. Unterenergie (in Organen)
Chakrenebene: Keine
Symbolfarben: Diverse Farben
Körperliche Zuordnung: Organe, Organalarmpunkte und Fußreflexzonen
*Affirmation: Ich liebe meinen Köper.

Seelische Hintergrundthemen (nach Dr. Ruediger Dahlke (36)):

(35) Energetische Therapiearbeit, begründet von Bert Hellinger
(36) Dahlke, Dr. med. Ruediger. Krankheit als Symbol, München 1996

Blase: Druck aushalten, loslassen oder weitergeben
Dickdarm: Geiz, Altes loslassen, Umgang mit Materie
Dünndarm: Existenzängste, Kritikfähigkeit, analysieren
Gallenblase: unterdrückte Aggressionen, Verbitterung, Abwehrhaltung
Herz: verletzte Emotionen, zu wenig Liebe bekommen oder geben
Leber: Stimmungsbarometer, Wertung, Aggressionen
Lunge: Mangel an Zuwendung, Engegefühl, Freiheitsstreben, Stress
Magen: Aufnahme, Hingabebereitschaft, geschluckte Emotionen
Milz: Filtern und Speichern der Lebenskraft, Abwehr
Niere: Gleichgewichts- und Partnerschaftsorgan

Dieses Engel-Kombi-Öl kann in folgenden Situationen energetisch hilfreich sein:

Belastende Emotionen, die den einzelnen Organen zugeordnet werden, im feinstofflichen Bereich loszulassen, zu klären und aufzulösen.

Dieses Öl enthält die Energie von jenen 10 Engelsymbolen, die den oben genannten Organen im feinstofflichen Bereich entsprechen. Beim Auftragen des Öls kommt immer nur die Energie jenes Engelsymbols zum Tragen, die für die Anwendung im feinstofflichen Bereich benötigt wird. Die anderen Engelenergien verhalten sich dabei neutral.

Energetisch besonders wirkungsvoll in Kombination mit Engel-Aura-Essenz „Erzengel Raphael".

CURIEL | Engel-Kombi-Öl (keine Essenz) No. 33

Grundthema: Seelische und körperliche Verletzungen
Chakrenebene: Alle Chakren
Farbfrequenzen: Blasslila
Körperliche Zuordnung: Operation, starke Schmerzen
Körperzone: Individuell
*Affirmation: Ich glaube an meine Heilung

Dieses Engel-Kombi-Öl kann in folgenden Situationen energetisch hilfreich sein:

Bei Ängsten vor Operationen - feinstoffliche Unterstützung im Heilungsverlauf nach Operation - Gleichgewicht bewahren - seelisch / mentale / energetische Vor- und Nachbereitung bei Operationen - energetische Stabilisierung von Aura und Chakren vor und nach Operationen - Ängste bei schweren Krankheiten - Gelassenheit und Ruhe - energetische Unterstützung des Selbstheilungsprozesses aktivieren.

Anwendung Engel-Kombi-Öl: Ein paar Tropfen auf den Bereich oberhalb des Nabels (= Solarplexus) auftragen und sanft einmassieren. Eventuell mit Jojobaöl strecken und großflächig anwenden. Nicht auf offene Wunden auftragen!

Energetisch besonders wirkungsvoll in Kombination mit Engel-Aura-Essenz „Energetische Abgrenzung" oder „Engel Sonael".

DORIEL | Engel-Kombi-Essenz und Engel-Kombi-Öl No. 22

Grundthema: Ängste aller Art
Chakrenebene: Solarplexus
Farbfrequenzen: Gelborange
Körperliche Zuordnung: Ängste und depressive Verstimmungen
Körperzone: Magen
*Affirmation: Ich lasse meine Ängste los.

Diese Engel-Kombi-Essenz / dieses Engel-Kombi-Öl kann in folgenden Situationen energetisch im Mentalkörper (= 3. Aura-Schichte) hilfreich sein:

Latente Ängste vor Erkrankung - Hypochondrie - Angst vor schwerer oder unheilbarer Krankheit - Angst, anderen zur Last zu fallen - Angst, wegen eigener Erkrankung Partner oder Job zu verlieren - Angst, unbeweglich zu werden - Angst, von anderen abhängig zu werden - Angst vor dem (eigenen) Tod - Überforderung - Abhängigkeit vom Partner

Anwendung Engel-Öl: Ein paar Tropfen am Solarplexus (= oberhalb des Nabels) auftragen und sanft einmassieren.

Energetisch besonders wirkungsvoll in Kombination mit Engel-Aura-Essenz „Erzengel Jophiel“.

ERAEL | Engel-Kombi-Essenz und Engel-Kombi-Öl No. 58

Grundthema: Anspannung; Verkrampfung
Chakrenebene: Solarplexus
Farbfrequenzen: Lachsrosa
Körperliche Zuordnung: Muskulatur
*Affirmation: Ich lasse alle Verkrampfungen los.

Diese Engel-Kombi-Essenz / dieses Engel-Kombi-Öl kann in folgenden Situationen energetisch hilfreich sein:

Übertriebener Ehrgeiz - Stress - angespannte Lebenssituationen - innerliche oder äußerliche Verkrampfung - sich selber überfordern - Stagnation in einem oder mehreren Lebensbereichen - geistige und / oder körperliche Unbeweglichkeit - zu wenig Zeit für Entspannung

Anwendung Engel-Kombi-Öl: Ein paar Tropfen auf den Bereich oberhalb des Nabels (= Solarplexus) oder auf verspannte Körperzonen auftragen und sanft einmassieren. Eventuell mit Jojobaöl strecken und großflächig für Ganzkörpermassagen anwenden. Nicht auf offene Wunden auftragen!

Energetisch besonders wirkungsvoll in Kombination mit Engel-Aura-Essenz „Erzengel Michael“ oder „Erzengel Raphael“.

HAZIEL | Engel-Kombi-Essenz und Engel-Kombi-Öl No. 12

Grundthema: Energieblockaden und Energieverlust in den Chakren
Chakrenebene: Alle Chakren
Farbfrequenzen: Diverse Farben
Körperliche Zuordnung: Chakren und deren zugeordnete Drüsen.
*Affirmation: Ich nehme Lebensenergie auf.

Diese Engel-Kombi-Essenz / dieses Engel-Kombi-Öl kann in folgenden Situationen energetisch hilfreich sein:

Sich mental oder emotional verschließen - Stagnation und / oder Resignation - sich dem Leben (un)bewusst verwehren - nichts annehmen können / wollen - die Lebensfreude verloren haben.

Besonderheit: Essenz und Öl enthalten die Energien für alle Chakren. Bei der Anwendung kommt die Energie für das jeweilige Chakra zum Tragen, die restlichen Engelenergien verhalten sich dabei neutral.

Anwendung Engel-Kombi-Öl: Ein paar Tropfen auf die entsprechende Chakrenzone auftragen und sanft einmassieren.

Energetisch besonders wirkungsvoll in Kombination mit Engel-Aura-Essenz „Erzengel Raphael".

ISMAEL | Engel-Kombi-Essenz und Engel-Kombi-Öl No. 59

Grundthema: Hilfe in Übergangssituationen
Chakrenebene: Alle Chakren
Farbfrequenzen: Violett-Blau-Gold
Körperliche Zuordnung: Sterbebegleitung
*Affirmation: Ich lasse alles los und vertraue.

Diese Engel-Kombi-Essenz / dieses Engel-Kombi-Öl kann in folgenden Situationen energetisch hilfreich sein:

Angst vor tief greifenden Veränderungen - Angst vor Ungewissheit - die Themen Tod und Sterben verdrängen - Angst vorm Tod - der Engelwelt gewahr werden - dem Übergang ruhiger entgegen sehen - Sterbende und Angehörige: Gegenseitig loszulassen

Anwendung Engel-Kombi-Öl: Ein paar Tropfen auf Stirn, Herzbereich, Handflächen und / oder Fußsohlen auftragen und sanft einmassieren.

Energetisch besonders wirkungsvoll in Kombination mit Engel-Aura-Essenz „Erzengel Michael“ oder „Erzengel Zadkiel“.

LARIEL | Engel-Kombi-Essenz und Engel-Kombi-Öl No. 01 „Körperliche Engel-Notfallstropfen / - Notfallsöl"

Grundthema: Körperlicher Notfall

Chakrenebene: Alle Chakren

Farbfrequenzen: Dunkelblau

Körperliche Zuordnung: Krisensituationen körperlicher Art

Körperzone: Individuell

*Affirmation: Ich aktiviere die Selbstheilungskräfte meines Körpers.

Diese Engel-Kombi-Essenz / dieses Engel-Kombi-Öl kann in folgenden Situationen energetisch hilfreich sein:

Energetische Erste Hilfe aller Art - Anspannungen - Angst und Panik in körperlichen Ausnahmezuständen - aus der inneren Mitte gefallen sein - Energieblockaden im Heilungsprozess - wiederkehrende Symptome mildern - Selbstheilungsprozess anregen.

Anwendung Engel-Kombi-Öl: Ein paar Tropfen auf Thymusdrüse, Bauch bzw. Brust auftragen und sanft einmassieren.

Energetisch besonders wirkungsvoll in Kombination mit Engel-Aura-Essenz „Erzengel Michael".

LORIEL | Engel-Kombi-Essenz und Engel-Kombi-Öl No. 43 | „Die 7 Nothelfer"

Grundthema: Stagnation, Notfälle aller Art
Chakrenebene: Alle Chakren
Farbfrequenzen: Diverse Farben
Körperliche Zuordnung: Energetische Blockaden im Heilungsverlauf
Körperzone: Diverse
*Affirmation: Ich lasse Heilung zu.

Diese Engel-Kombi-Essenz / dieses Engel-Kombi-Öl kann in folgenden Situationen energetisch hilfreich sein:

Notfälle aller Art - Hilfe nicht annehmen können / wollen - unbewusst nicht an Heilung / guten Heilungsverlauf glauben - eine Situation nicht aushalten können - energetischer Zusammenbruch - in alten Verhaltensmustern stecken bleiben - innerliche Abwehrhaltung - zögerliche oder ausbleibende Entwicklungsschritte.

Anwendung Engel-Kombi-Öl: Ein paar Tropfen auf den Unterbauch auftragen und sanft einmassieren

Energetisch besonders wirkungsvoll in Kombination mit Engel-Aura-Essenz „Erzengel Michael".

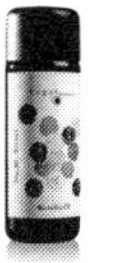

LUCIEL | Engel-Kombi-Öl (keine Essenz) No. 38

Grundthema: Über- bzw. Unterenergie
Chakrenebene: Keine
Symbolfarben: Diverse Farben
Körperlich Zuordnung: Organe, Organalarmpunkte und Fußreflexzonen
*Affirmation: Ich liebe meinen Köper.

Seelische Hintergrundthemen (nach Dr. Ruediger Dahlke (37)):

Zwölffingerdarm: (Selbst-)Kritik, (Selbst-)Zweifel, Über-Ehrgeiz, Kritiksucht
Bauchspeicheldrüse: siehe Zwölffingerdarm
Schilddrüse: Unterdrückte, unverwirklichte Entwicklung; angelegtes Potenzial brachliegen lassen; von seinem Entwicklungsweg weit abgekommen sein
Prostata: Sexualität nicht leben / zu wenig gelebt haben; Schuldgefühle im Zusammenhang mit Sexualität; Angst vor der zweiten Lebenshälfte
Gebärmutter - Eierstöcke: Ablehnung der Weiblichkeit; Verletzungen im Bereich der Sexualität
Hypophyse: Kontrolle nicht aufgeben (wollen)
Thymusdrüse: Abwehr, Schutz, Selbstverteidigung
Nebennierenrinde: Stress

(37) Dahlke, Dr. med. Ruediger. Krankheit als Symbol, München 1996

Dieses Engel-Kombi-Öl kann in folgenden Situationen energetisch hilfreich sein:

Belastende Emotionen, die den einzelnen Organen zugeordnet werden, im feinstofflichen Bereich loszulassen, zu klären und aufzulösen.

Dieses Öl enthält die Energie von jenen acht Engelsymbolen, die den oben genannten Organen im feinstofflichen Bereich entsprechen. Beim Auftragen des Öls kommt immer nur die Energie jenes Engelsymbols zum Tragen, die für die Anwendung im feinstofflichen Bereich benötigt wird. Die anderen Engelenergien verhalten sich dabei neutral.

Energetisch besonders wirkungsvoll in Kombination mit Engel-Aura-Essenz „Erzengel Raphael".

LUNAEL | Engel-Kombi-Essenz und Engel-Kombi-Öl No. 11

Grundthema: Überlastung, Dauerstress
Chakrenebene: Kehl- und Herz-Chakra
Farbfrequenzen: Hellgrün / Grün
Körperliche Zuordnung: Viren, Bakterien
*Affirmation: Ich bin stark und gesund.

Diese Engel-Kombi-Essenz / dieses Engel-Kombi-Öl kann in folgenden Situationen energetisch hilfreich sein:

Zu wenig Abgrenzung - zu niedriges Energieniveau - Überforderung - sich der Realität entziehen - unzureichende Lebensführung - Burn-Out - energetischer „Mülleimer" oder „Staubsauger"

- nicht „Nein" sagen können - Grenzen missachten - Workaholic.

Anwendung Öl: Einige Tropfen im Bereich des vierten und fünften Chakras (Herz-, Brust- und Kehlkopfbereich) auftropfen und sanft einmassieren.

Energetisch besonders wirkungsvoll in Kombination mit Engel-Aura-Essenz „Erzengel Raphael".

NANAEL | Engel-Kombi-Essenz und Engel-Kombi-Öl No. 02 | Nanael „Seelische Engel-Notfallstropfen / - Notfallsöl"

Grundthema: Seelischer Notfall
Chakrenebene: Solarplexus
Farbfrequenzen: Gelborange
Körperliche Zuordnung: Schock, Ohnmacht, Angst
Körperzone: Magen
*Affirmation: Ich kehre in meine innere Mitte zurück.

Diese Engel-Kombi-Essenz / dieses Engel-Kombi-Öl kann in folgenden Situationen energetisch hilfreich sein:

Bei Energieblockaden, die entstanden sind durch: Angst-, Schreck- und Schocksituationen aller Art - nach schlechten und bedrückenden Diagnosen - Angst vor unangenehmen Situationen - seelische Belastung bei Krankheit oder Todesfall - seelische Instabilität - Hysterie - das Überbringen / Entgegennehmen einer Todesnachricht; aber auch: energetische Unterstützung während der Trauerzeit - Seele nach Schock in den Körper wieder „einfädeln" (siehe auch Essenz / Öl „Sorihael")

Anwendung Öl: oberhalb des Nabels (= Solarplexus) auftropfen und sanft und großflächig einmassieren.

Energetisch besonders wirkungsvoll in Kombination mit Engel-Aura-Essenz „Erzengel Jophiel".

RANIEL | Engel-Kombi-Essenz und Engel-Kombi-Öl No. 39

Grundthema: Körperliche und seelische Anspannung
Chakrenebene: Alle Chakren
Farbfrequenzen: Blau
Körperliche Zuordnung: Entspannung
*Affirmation: Ich lasse alle Anspannungen los.

Diese Engel-Kombi-Essenz / dieses Engel-Kombi-Öl kann in folgenden Situationen energetisch hilfreich sein:
Energieblockaden durch innere Unrast, Unruhe oder Nervosität - Unausgeglichenheit - Anspannung - etwas durchhalten oder aushalten müssen - Angst vor einer Untersuchung oder Diagnose - Schlafmangel - nicht abschalten können

Anwendung Engel-Kombi-Öl: Ein paar Tropfen auf den Bereich oberhalb des Nabels (= Solarplexus) oder auf verspannte Körperzonen auftragen und sanft einmassieren. Eventuell mit Jojobaöl strecken und großflächig für Ganzkörpermassagen anwenden. Nicht auf offene Wunden auftragen!

Energetisch besonders wirkungsvoll in Kombination mit Engel-Aura-Essenz „Erzengel Michael".

SOMIEL | Engel-Kombi-Essenz und Engel-Kombi-Öl No. 41

Grundthema: Irrationale Ängste
Chakrenebene: Solarplexus, Herz-Chakra
Farbfrequenzen: Orange-gold
Körperliche Zuordnung: Panikattacken
*Affirmation: Ich vertraue mich meinen Engeln an.

Diese Engel-Kombi-Essenz / dieses Engel-Kombi-Öl kann in folgenden Situationen energetisch hilfreich sein:

Energieblockaden infolge von: Ausweglosigkeit - Panik - Hilflosigkeit - Beklemmungsgefühlen - undefinierbare Ängste - Angst, die Kontrolle zu verlieren - Angst vor der Angst - sich ausgeliefert fühlen - Angst vor dem Tod - sich an die Wand gedrückt fühlen

Anwendung Engel-Kombi-Öl: Ein paar Tropfen auf den Bereich oberhalb des Nabels (= Solarplexus) auftragen und sanft einmassieren. Eventuell mit Jojobaöl strecken und großflächig anwenden. Nicht auf offene Wunden auftragen!

Energetisch besonders wirkungsvoll in Kombination mit Engel-Aura-Essenz „Erzengel Jophiel".

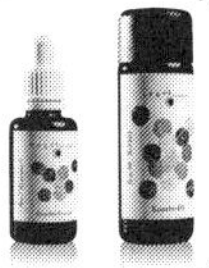

SORAEL | Engel-Kombi-Essenz und Engel-Kombi-Öl No. 24

Grundthema: Energieverlust; Fremdenergien
Chakrenebene: Alle Chakren
Farbfrequenzen: Blau-Violett
Körperliche Zuordnung: Energetische Belastungen, Fremdenergien
*Affirmation: Ich bin geschützt vor Fremdenergien aller Art.

Diese Engel-Kombi-Essenz / dieses Engel-Kombi-Öl kann in folgenden Situationen energetisch hilfreich sein:

Wie ein Schwamm negative Energien aufsaugen - an Verstorbenen festhalten - energetische Belastungen und Energien (von Verstorbenen) auflösen - erdgebundene Seelen ins Licht führen - energetische Reinigung von Räumen, Gegenständen, Schmuck, Geld, Personen, etc.

Anwendung Engel-Kombi-Öl: Ein paar Tropfen auf den Bereich oberhalb des Nabels (= Solarplexus) auftragen und sanft einmassieren. Eventuell mit Jojobaöl strecken und großflächig anwenden. Nicht auf offene Wunden auftragen!

Energetisch besonders wirkungsvoll in Kombination mit Engel-Aura-Essenz „Energetische Reinigung“.

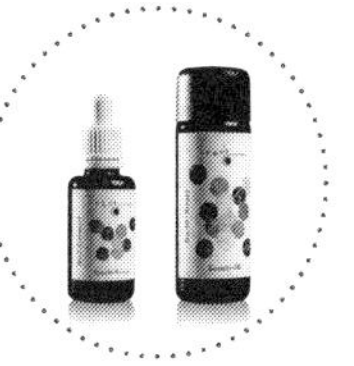

SORIHAEL | Engel-Kombi-Essenz und Engel-Kombi-Öl No. 32

Grundthema: Ausgeliefert-Sein
Chakrenebene: Solarplexus
Farbfrequenzen: Orange-gold
Körperliche Zuordnung: Belastungen durch Narkose
Körperzone: Lymphe, Solarplexus
*Affirmation: Ich vertraue anderen und lasse mich fallen.

Diese Engel-Kombi-Essenz / dieses Engel-Kombi-Öl kann in folgenden Situationen energetisch hilfreich sein:

Energetische Belastung durch: Emotionale Ablehnung von Narkose - Angst vor Narkose und deren mögliche Auswirkungen - Angst, nicht mehr aufzuwachen - Angst, die Kontrolle abzugeben / sich anderen auszuliefern - die Seele wieder ganz in den Körper „einzufädeln"; Aura feinstofflich entgiften - Körper wird während Narkose von eigenen Engeln bewacht (damit es zu keinen Besetzungen kommt).

Anwendung Engel-Kombi-Öl: Ein paar Tropfen im Bereich oberhalb des Nabels (= Solarplexus) auftragen und sanft einmassieren. Eventuell mit Jojobaöl strecken und großflächig anwenden.

Energetisch besonders wirkungsvoll in Kombination mit Engel-Aura-Essenz „Energetische Abgrenzung".

YELIEL | Engel-Kombi-Essenz und Engel-Kombi-Öl No. 13

Grundthema: Energieblockaden, Energieverlust im Bereich der Meridiane
Chakrenebene: Keine
Farbfrequenzen: Verschiedene Farben
Körperliche Zuordnung: Meridiane
*Affirmation: Ich lasse die Lebensenergie durch mich fließen.

Diese Engel-Kombi-Essenz / dieses Engel-Kombi-Öl kann bei folgenden seelisch-mentalen Blockaden energetisch hilfreich sein (Zuordnungen nach Dr. med. Ruediger Dahlke):
Magen: Ärger, Wut, Zorn, Unzufriedenheit, Ekel, Gier, Überlastung, Ohnmacht
Milz-Pankreas: Trauer, Kummer, Freudlosigkeit, Zukunftsängste, Apathie
Herz: Verletzung in Liebesangelegenheiten, Hass, Verschlossenheit, Hartherzigkeit
Dünndarm: Traurigkeit, Sich-verlassen-Fühlen, Einsamkeit, Liebesentzug, Unsicherheit
Dickdarm: Zynismus, Dogmatismus, Perfektionismus, Nicht-Loslassen, Schuld
Blase: Ungeduld, Schamgefühl, Angst, Stress, Druck, Klammern, Kummer
Niere: Angst, Furcht, sexuelle Unsicherheit, Richtungslosigkeit, Schuldgefühle
Gallenblase: Wut, Jähzorn, Ärger, Verbitterung, Reizbarkeit, Zorn, Aggressionen
Leber: Unzufriedenheit, Verzweiflung, Zorn, Ärger, mangelnde Anerkennung

Lunge: Energetische Nicht-Abgrenzung, sich eingeengt / überbehütet fühlen.

Besonderheit: Essenz und Öl enthalten die Energien für alle 14 Meridiane. Bei der Anwendung kommt die Energie für den jeweiligen Meridian zum Tragen, die restlichen Engelenergien verhalten sich dabei neutral.

Anwendung Engel-Kombi-Öl: Am jeweiligen Meridian-Anfangs- oder -Endpunkt auftragen und sanft einmassieren oder den gesamten Meridian mit dem Öl abstreichen.

Energetisch besonders wirkungsvoll in Kombination mit Engel-Aura-Essenz „Erzengel Raphael“.

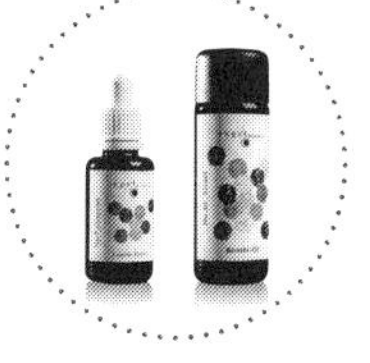

ZARIEL | Engel-Kombi-Essenz und Engel-Kombi-Öl No. 45

Grundthema: Selbstmitleid, mangelnde Selbstliebe
Chakrenebene: Solarplexus
Farbfrequenzen: Orange-gold
Körperliche Zuordnung: Depression
*Affirmation: Ich liebe mich selbst und werde geliebt.

Diese Engel-Kombi-Essenz / dieses Engel-Kombi-Öl kann in folgenden Situationen energetisch hilfreich sein:
Stärkung eines geschwächten dritten Aura-Körpers, der mit folgenden Blockaden eng in Verbindung steht: Schwache Lebensperspektiven - Lebensverweigerung - sich im Stich gelassen fühlen - in Selbstmitleid gefangen sein - keine Selbstverantwortung übernehmen

Anwendung Engel-Kombi-Öl: Ein paar Tropfen im Bereich oberhalb des Nabels (= Solarplexus) auftragen und sanft einmassieren. Eventuell mit Jojobaöl strecken und großflächig anwenden.

Energetisch besonders wirkungsvoll in Kombination mit Engel-Aura-Essenz „Energetische Abgrenzung" bzw. „Erzengel Jophiel".

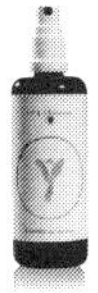

Engel-Aura-Essenz „Erzengel Gabriel"

Diese Erzengel-Aura-Essenz kann die Klärung und Reinigung auf geistiger und mentaler Ebene unterstützen und Licht und neue Energien ins Leben bringen. Sie ist eine große Hilfe bei energetischen Reinigungsprozessen.

Energetisch hilfreich bei: Narkosen - Impfungen - Strahlentherapie

*Affirmation: Mit deiner Hilfe gelange ich zu Klarheit.

Engel-Aura-Essenz „Erzengel Jophiel“

Diese Erzengel-Aura-Essenz unterstützt besonders den Mentalkörper (= dritte Auraschichte), der mit den Themen Kopflastigkeit, Zweifel und Ängsten in Verbindung steht. Auch innere Festigkeit, Heiterkeit und Lebensfreude werden dem Mentalkörper zugeordnet. Erzengel Jophiel wird zugeschrieben, dass er uns in Kontakt mit der inneren Stimme, der inneren Weisheit und Intuition bringen kann.

Energetisch hilfreich bei: Ängsten - Unsicherheiten - Selbstzweifel - Depression

*Affirmation: Mit deiner Hilfe gelange ich an meine innere Weisheit.

Engel-Aura-Essenz „Erzengel Michael“

Diese Erzengel-Aura-Essenz ist eine wertvolle energetische Unterstützung und Begleitung in schwierigen Lebenslagen. Erzengel Michael verleiht Ruhe, Frieden und Geborgenheit. Seine Essenz wird vielfach vor Operationen und im Sterbeprozess verwendet.

Energetisch hilfreich bei: Untersuchungen - nach einer bedrückenden Diagnose - Komplikationen im Heilungsverlauf - Angst vor Krankheit oder Tod - vor einer Operation - in stressigen Situationen aller Art

*Affirmation: Mit deiner Hilfe bin ich auf allen Ebenen geschützt.

Engel-Aura-Essenz „Erzengel Raphael“

Erzengel Raphael gilt als der „Engel der Heilung“. Er unterstützt alle Heilungsprozesse auf der feinstofflich-energetischen Ebene und verleiht neue Lebensimpulse. Erzengel Raphael fördert den Selbstheilungsprozess und befreit von Gefühlsdefiziten und emotionalen Begrenzungen.

Energetisch hilfreich bei: Krankheit - Operation - Aktivierung der Selbstheilungskräfte

*Affirmation: Mit deiner Hilfe werde ich heil an Körper, Geist und Seele.

Engel-Aura-Essenz „Erzengel Uriel“

Erzengel Uriel stärkt in Zeiten der Kraft- und Mutlosigkeit, bringt neue Energie und Optimismus und unterstützt den Genesungsprozess. Er hilft, zu neuem Lebensmut zu gelangen und den Schwierigkeiten des Lebens zu trotzen.

Energetisch hilfreich bei: Rekonvaleszenz - Operation - Energieverlust - Regeneration nach (langer) Krankheit oder (schwerer) Operation - Kraft- und Mutlosigkeit - Trauerprozess.

*Affirmation: Mit deiner Hilfe lasse ich Freude in mein Leben.

Engel-Aura-Essenz „Erzengel Zadkiel“

Erzengel Zadkiel stärkt und hilft in Zeiten großer Veränderungen und Umwälzungen und unterstützt Loslassen und Neubeginn. Seine Essenz kann auf der feinstofflichen Ebene helfen, seelischen Kummer und Schmerz leichter zu verarbeiten, Trauer aufzuarbeiten und zu verzeihen.

> Hilfreich bei: Akzeptanz von Krankheit oder körperlicher Behinderung - emotionales Loslassen von Verstorbenen - Trauerarbeit

*Affirmation: Mit deiner Hilfe vergebe und erlöse ich.

Engel-Aura-Essenz „Engel Sonael“

Diese Aura-Essenz kann die feinstofflichen Körper und Chakren vor negativen Belastungen durch Satelliteneinstrahlung, kosmischen Einstrahlungen, Umweltbelastungen, Computerstrahlungen und Strahlungen von sonstigen technischen Geräten schützen.

> Energetisch hilfreich bei: längerfristiger Einnahme von Medikamenten - Untersuchungen mit strahlenden Substanzen, die eingenommen oder injiziert werden müssen - Untersuchungen mit technischen Geräten - vor, während und nach einer Strahlentherapie - vor, während und nach einer Narkose (eventuell mit Engel-Aura-Essenz „Energetische Abgrenzung“ kombinieren).

*Affirmation: Ich bin vor äußeren Einflüssen geschützt.

Tabellarischer Überblick über die wichtigsten Essenzen und Öle für Krankheit, Tod und Trauer

Engelessenzen

Engelessenz No. 01 / Engel für Glauben und Vertrauen
Engelessenz No. 04 / Engel für Reinheit und Klarheit
Engelessenz No. 26 / Engel für Erneuerung und Entwicklung
Engelessenz No. 30 / Engel für Mut und Beharrlichkeit
Engelessenz No. 36 / Engel für Loslassen
Engelessenz No. 39 / Engel für Gnade
Engelessenz No. 47 / Erzengel Uriel
Engelessenz No. 48 / Erzengel Zadkiel
Engel-Transformationsessenz/-Öl No. 02 / Energetische Regenerierung

Engel-Kombi-Essenzen und Kombi-Öle

ANIEL	Engel-Kombi-Essenz / -Öl	No. 04
CARMIEL	Engel-Kombi-Essenz / -Öl	No. 07
CITHAEL	Engel-Kombi-Essenz / -Öl	No. 25
CORAEL	Engel-Kombi-Öl	No. 32
CURIEL	Engel-Kombi-Öl	No. 33
DORIEL	Engel-Kombi-Essenz / -Öl	No. 22
ERAEL	Engel-Kombi-Essenz / -Öl	No. 58
HAZIEL	Engel-Kombi-Essenz / -Öl	No. 12
ISMAEL	Engel-Kombi-Essenz / -Öl	No. 59
LARIEL	Engel-Kombi-Essenz / -Öl	No. 01
LORIEL	Engel-Kombi-Essenz / -Öl	No. 43
LUCIEL	Engel-Kombi-Öl	No. 38
LUNAEL	Engel-Kombi-Essenz / -Öl	No. 11

NANAEL	Engel-Kombi-Essenz / -Öl	No. 02
RANIEL	Engel-Kombi-Essenz / -Öl	No. 39
SOMIEL	Engel-Kombi-Essenz / -Öl	No. 41
SORAEL	Engel-Kombi-Essenz / -Öl	No. 24
SORIHAEL	Engel-Kombi-Essenz / -Öl	No. 32
YELIEL	Engel-Kombi-Essenz / -Öl	No. 13
ZARIEL	Engel-Kombi-Essenz / -Öl	No. 45

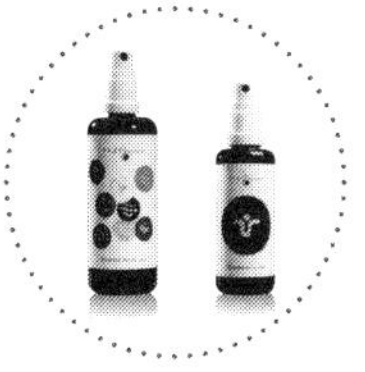

Engel-Aura-Essenzen

Engel-Aura-Essenz „Energetische Abgrenzung"
Engel-Aura-Essenz „Energetische Reinigung"
Engel-Aura-Essenz „Engelmeditation"
Engel-Aura-Essenz „Erzengel Gabriel"
Engel-Aura-Essenz „Erzengel Jophiel"
Engel-Aura-Essenz „Erzengel Michael"
Engel-Aura-Essenz „Erzengel Raphael"
Engel-Aura-Essenz „Erzengel Uriel"
Engel-Aura-Essenz "Erzengel Zadkiel"
Engel-Aura-Essenz „Engel Sonael"

PRAXISTEIL

Die richtige Auswahl

>>Einfaches Auswahlverfahren<<

Grundsätzlich ist es ganz einfach, die richtigen Essenzen und Öle auszuwählen. Wenn Sie Ihre Auswahl nach den Empfehlungen des Kapitels „Anwendungsbereiche der wichtigsten Engelessenzen und Engelöle für Krankheit, Tod und Trauer" treffen, liegen Sie damit immer zu etwa 85% richtig.

>>Auswahl mit Hilfe von Muskeltest, Biotensor oder Pendel<<

Für Menschen, die eine noch exaktere Auswahl treffen möchten, bietet sich natürlich an, die Essenzen und Öle mit Hilfe des Kinesiologischen Muskeltests, eines Biotensors oder eines Pendels genau auszutesten. Dabei sollten folgende Punkte abgefragt werden:

- Welche Essenz / welches Öl / welche Aura-Essenz wird benötigt?
- Welche Dosierung ist ideal?
- Über welchen Zeitraum sollen Essenz oder Öl verwendet werden?
- In welcher Reihenfolge sollte die Anwendung erfolgen?

>>Die optimale Anwendung<<

Engelessenzen und Engel-Kombi-Essenzen können Sie

- direkt unter die Zunge tropfen,
- mit Wasser oder Fruchtsaft verdünnt trinken,

- auf Nabel, Puls oder Fußsohlen tropfen und sanft einreiben,
- in ein hochwertiges Massageöl mischen,
- ins Badewasser tropfen oder
- in ein Duftlämpchen geben.

Das sind nur einige Anwendungsbeispiele, Ihrer Fantasie oder Ihrer Intuition sind dabei keine Grenzen gesetzt. Die individuelle, optimale Anwendungsart kann jedoch mit Pendel, Biotensor oder kinesiologischem Muskeltest ermittelt werden. Die Erfahrung hat gezeigt, dass 2 x 5 Tropfen täglich über einen Zeitraum von mindestens drei Wochen sehr empfehlenswert sind. (Manche Menschen verwenden Engelessenzen in Akutfällen sogar viertel- oder halbstündlich, wie beispielsweise auch die Bachblüten-Notfallstropfen). In diesem Zeitraum können sich Aura und Chakren stabilisieren, manchmal dauert es jedoch einige Wochen bis Monate, bis die Auraschichten wieder ausgeglichen sind.

Engel-Kombi-Öle dürfen nur äußerlich und nicht auf verletzter oder irritierter Haut aufgetragen werden. Für kleine Körperzonen, beispielsweise Hand- oder Fußflächen, reichen einige wenige Tropfen völlig aus, verwendet man die Engel-Kombi-Öle für Massagen, so können ca. 30 bis 50 Tropfen mit 500 ml reinem Jojobaöl gestreckt werden.

Engel-Aura-Essenzen werden für die Energetisierung der feinstofflichen Körper bzw. von Räumen verwendet. Sie erhöhen die Energieschwingung in Wohn-, Therapie- und Meditationsräumen, ebenso in Krankenzimmern. Engel-Aura-Essenzen werden direkt über dem Kopf in die Aura oder in den Raum gesprüht. Sie lassen sich mit Engelessenzen bzw. Engel-Kombi-Ölen sehr gut kombinieren. Anwender berichten, dass sie die Aura-Essenzen gerne ein- bis zweimal am Tag sprühen.

PRAXISTEIL

Kapitel 10 – Engelsymbol-Kreise

In den letzten Jahren hat sich gezeigt, dass die energetische Arbeit mit Engelsymbol-Kreisen sehr wirkungsvoll ist. Egal, ob Sie die Energiekreise „Schutzkreise“ oder „Heilkreise“ nennen, die Wirkung ist immer dieselbe. (Viele praktische Anleitungen zu den Energiekreisen finden Sie übrigens im Buch „Praxishandbuch der Engelsymbole“).

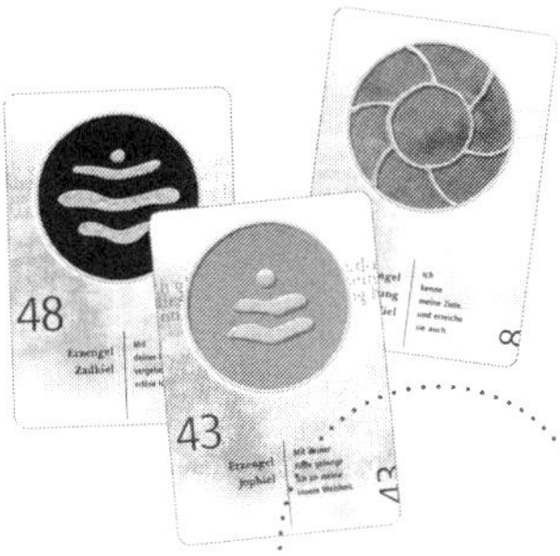

Für die Arbeit mit Engelsymbol-Kreisen benötigen Sie entweder die Engel-Symbolkarten „Heilende Engelsymbole 1 - 49“ oder die „Engel-Kombi-Symbole“ (frühere Bezeichnung: Engel-Therapie-Symbole“), je nachdem, welche Symbolkarten Sie zur Verfügung haben. Die Symbole sind auf Karton gedruckt und mit oder ohne Begleitbuch erhältlich. Arbeiten Sie zum ersten Mal mit Engelsymbolen, würde ich Ihnen die „Heilenden Engelsymbole 1 - 49“ empfehlen.

Praktische Ausführung:

- Sie haben sich entschieden, für welches Thema Sie einen Engelsymbol-Kreis legen möchten und lesen nun im nachfolgenden Kapitel, welche Engelsymbole dafür vorgeschlagen werden. Diese Angaben sind natürlich nur eine Empfehlung, die Sie individuell abwandeln können, indem Sie die entsprechende Anzahl an Symbolkarten intuitiv aus dem Kartenset ziehen, auspendeln oder mit Hilfe des kinesiologischen Muskeltests austesten.

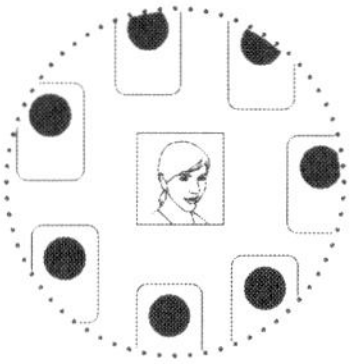

- Legen Sie die Symbolkarten zu einem Kreis aus und geben Sie in die Mitte des Symbolkreises ein Foto oder einen Namenszettel (= handgeschriebener Zettel mit Namen und ev. Geburtsdatum) jener Person, der Sie helfen möchten. Das können natürlich auch Sie selbst sein! Sie können auch das Thema oder Ihre Bitte auf den Zettel schreiben.

- Lassen Sie den Engelsymbol-Kreis mindestens drei Wochen lang liegen oder zumindest so lange, bis sich die Situation verändert oder verbessert hat.

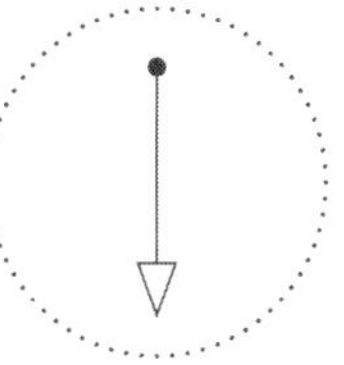

- Wenn Sie mit Pendel, Biotensor oder Muskeltest arbeiten, können Sie sowohl die Auswahl der Symbole als auch die Zeitspanne genau austesten und sich danach richten.

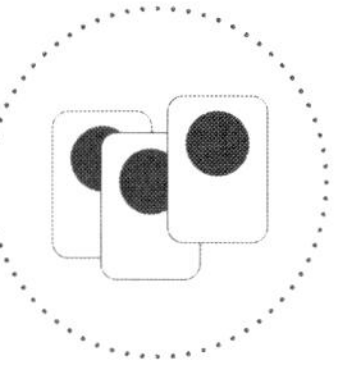

- Wenn Sie zu wenig Platz zum Auflegen von Engelkreisen haben, können Sie die Symbolkarten auch übereinander legen, oder in einer leeren Schachtel, in einer Schublade oder auf einem Bücherregal aufbewahren.

Und nun kann es losgehen!

Engelsymbol-Kreis für die erste Wandlungs- oder Sterbephase
(siehe Seite 90)

… mit Hilfe der „Engelsymbole 1 - 49

Sie können dafür folgende sieben
Engelsymbol-Karten verwenden:

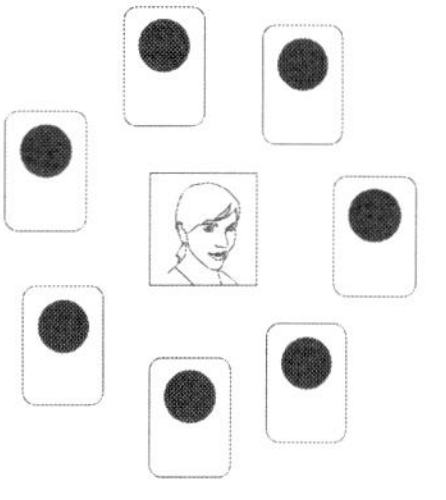

No. 01 - Glaube und Vertrauen
No. 08 - Richtung und Ziel
No. 26 - Erneuerung und Entwicklung
No. 36 - Loslassen
No. 42 - Erzengel Michael
No. 45 - Erzengel Gabriel
No. 46 - Erzengel Raphael

… mit Hilfe der „Engel-Kombi-Symbole“ (früher: „Engel-Therapie-Symbole“)

Verwenden Sie dafür alle sieben
Engelsymbole aus der Serie
No. 04 / ANIEL

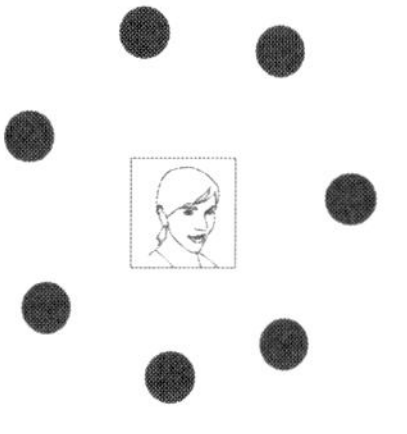

Als Unterstützung empfiehlt sich die Verwendung der Engelessenz No. 26 „Engel für Erneuerung und Entwicklung“ und / oder der Engel-Aura-Essenz „Erzengel Uriel“.

Engelsymbol-Kreis für die zweite Wandlungs- oder Sterbephase
(siehe Seite 92)

… mit Hilfe der „Engelsymbole 1 - 49

Sie können dafür folgende sieben Engelsymbol-Karten verwenden:

No. 01 - Glaube und Vertrauen
No. 04 - Reinheit und Klarheit
No. 36 - Loslassen
No. 42 - Erzengel Michael
No. 45 - Erzengel Gabriel
No. 46 - Erzengel Raphael
No. 48 - Erzengel Zadkiel

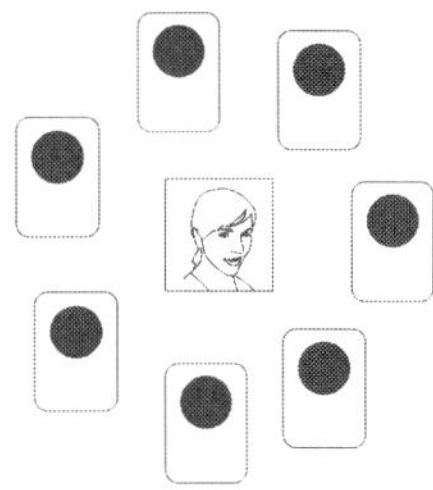

… mit Hilfe der „Engel-Kombi-Symbole“ (früher: „Engel-Therapie-Symbole“)

Verwenden Sie dafür alle sieben Engelsymbole aus der Serie No. 22 / Doriel

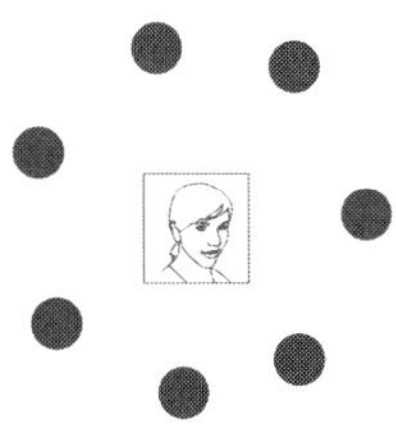

Als Unterstützung empfiehlt sich die Verwendung der Engelessenz No. 04 „Engel für Reinheit und Klarheit“ und / oder der Engel-Aura-Essenz „Erzengel Michael“ bzw. „Energetische Abgrenzung“.

Engelsymbol-Kreis für die dritte Wandlungs- oder Sterbephase
(siehe Seite 97)

… mit Hilfe der „Engelsymbole 1 - 49

Sie können dafür folgende sieben
Engelsymbol-Karten verwenden:

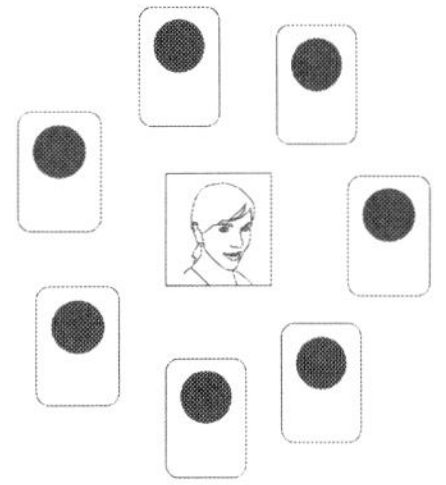

No. 06 - Veränderung und Verwandlung
No. 08 - Richtung und Ziel
No. 14 - Liebe und Beziehungen
No. 40 - Göttliche Kraft
No. 42 - Erzengel Michael
No. 44 - Erzengel Chamuel
No. 48 - Erzengel Zadkiel

… mit Hilfe der „Engel-Kombi-Symbole“ (früher: „Engel-Therapie-Symbole“)

Verwenden Sie dafür alle sieben
Engelsymbole aus der Serie
No. 25 - Cithael

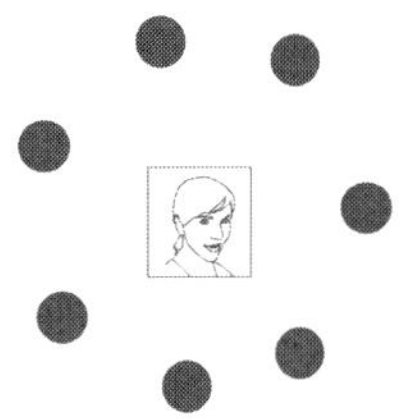

Als Unterstützung empfiehlt sich die Verwendung der Engel-Kombi-Essenz No. 59 - „Ismael“ und / oder der Engel-Aura-Essenz „Erzengel Michael“.

Engelsymbol-Kreis für die vierte Wandlungs- oder Sterbephase
(siehe Seite 99)

... mit Hilfe der „Engelsymbole 1 - 49

Sie können dafür folgende sieben
Engelsymbol-Karten verwenden:

No. 06 - Veränderung und Verwandlung
No. 08 - Richtung und Ziel
No. 36 - Loslassen
No. 40 - Göttliche Kraft
No. 42 - Erzengel Michael
No. 45 - Erzengel Gabriel
No. 48 - Erzengel Zadkiel

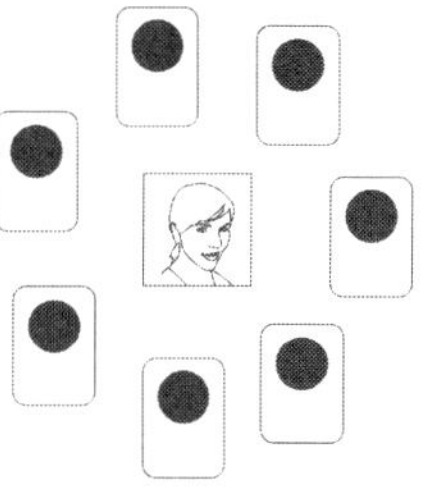

... mit Hilfe der „Engel-Kombi-Symbole" (früher: „Engel-Therapie-Symbole")

Verwenden Sie dafür alle sieben
Engelsymbole aus der Serie
No. 59 - Ismael

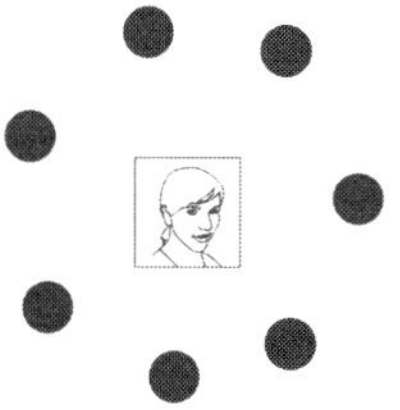

Als Unterstützung empfiehlt sich die Verwendung der Engel-Kombi-Essenz No. 59 „Ismael" und / oder der Engel-Aura-Essenz „Erzengel Michael".

Engelsymbol-Kreis für die fünfte und sechste Wandlungs- oder Sterbephase (siehe Seite 102 bzw. Seite 105)

… mit Hilfe der „Engelsymbole I - 49

Sie können dafür folgende acht Engelsymbol-Karten verwenden:

No. 42 - Erzengel Michael
No. 43 - Erzengel Jophiel
No. 44 - Erzengel Chamuel
No. 45 - Erzengel Gabriel
No. 46 - Erzengel Raphael
No. 47 - Erzengel Uriel
No. 48 - Erzengel Zadkiel
No. 49 - Erzengel Metatron

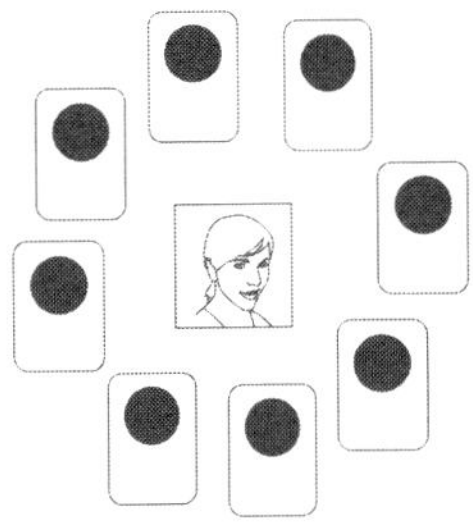

… mit Hilfe der „Engel-Kombi-Symbole" (früher: „Engel-Therapie-Symbole")

Verwenden Sie dafür alle sieben Engelsymbole aus der Serie No. 59 - Ismael

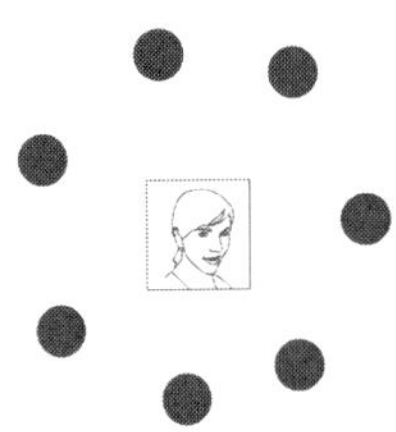

Als Unterstützung empfiehlt sich die Verwendung der Engel-Kombi-Essenz No. 59 „Ismael" und / oder der Engel-Aura-Essenz „Erzengel Michael".

Engelsymbol-Kreis für Suizidanten
(siehe Seite 115)

… mit Hilfe der „Engelsymbole 1 - 49

Sie können dafür folgende acht Engelsymbol-Karten verwenden:

No. 42 - Erzengel Michael
No. 43 - Erzengel Jophiel
No. 44 - Erzengel Chamuel
No. 45 - Erzengel Gabriel
No. 46 - Erzengel Raphael
No. 47 - Erzengel Uriel
No. 48 - Erzengel Zadkiel
No. 49 - Erzengel Metatron

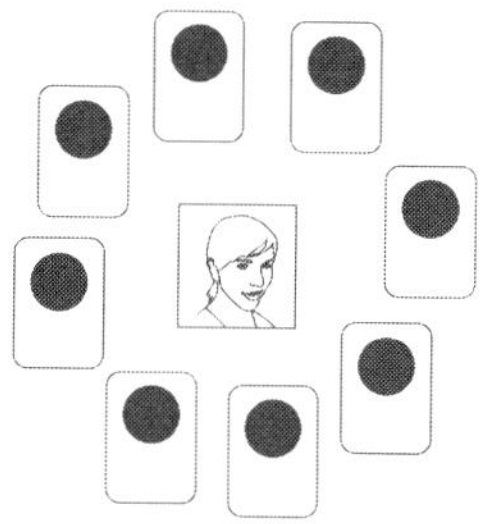

… mit Hilfe der „Engel-Kombi-Symbole“ (früher: „Engel-Therapie-Symbole“)

Legen Sie einen dreifachen Engelsymbol-Kreis und verwenden Sie dafür jeweils alle sieben Engelsymbole aus den Serien
No. 24 - Sorael,
No. 25 - Cithael sowie
No. 59 - Ismael.

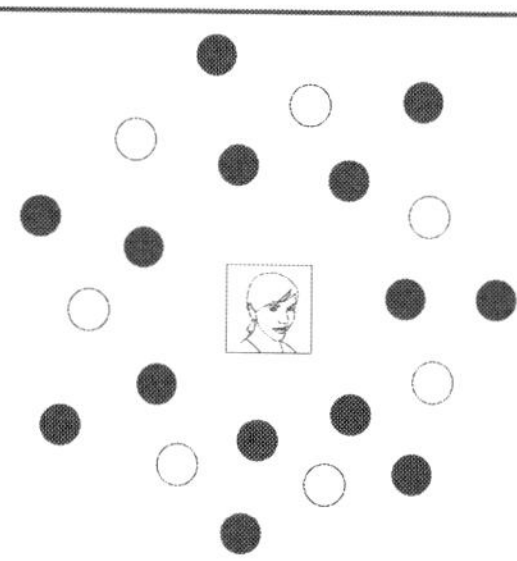

Diesen Engelsymbol-Kreis mindestens drei Monate liegen lassen!

3 Mo.

Engelsymbol-Kreis für die erste Trauerphase
(siehe Seite 122)

... mit Hilfe der „Engelsymbole 1 - 49

Sie können dafür folgende acht Engelsymbol-Karten verwenden:

No. 42 - Erzengel Michael
No. 43 - Erzengel Jophiel
No. 44 - Erzengel Chamuel
No. 45 - Erzengel Gabriel
No. 46 - Erzengel Raphael
No. 47 - Erzengel Uriel
No. 48 - Erzengel Zadkiel
No. 49 - Erzengel Metatron

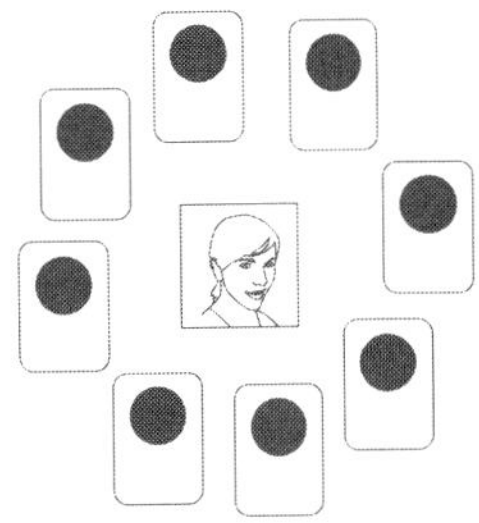

... mit Hilfe der „Engel-Kombi-Symbole" (früher: „Engel-Therapie-Symbole")

Verwenden Sie dafür alle sieben Engelsymbole aus der Serie No. 02 - Nanael

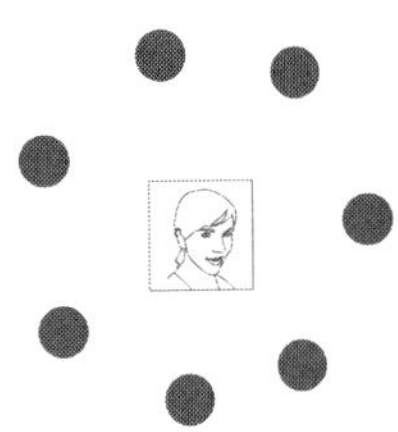

Als Unterstützung empfiehlt sich die Verwendung der Engel-Kombi-Essenz No. 02 „Nanael" oder das entsprechende Engel-Kombi-Öl sowie der Engel-Aura-Essenz „Erzengel Michael" bzw. „Erzengel Uriel".

Engelsymbol-Kreis für die zweite Trauerphase
(siehe Seite 124)

… mit Hilfe der „Engelsymbole 1 - 49

Sie können dafür folgende acht
Engelsymbol-Karten verwenden:

No. 03 - Ruhe und Leichtigkeit
No. 06 - Veränderung und Verwandlung
No. 23 - Erkenntnis und Annehmen
No. 39 - Gnade
No. 42 - Erzengel Michael
No. 46 - Erzengel Raphael
No. 47 - Erzengel Uriel
No. 48 - Erzengel Zadkiel

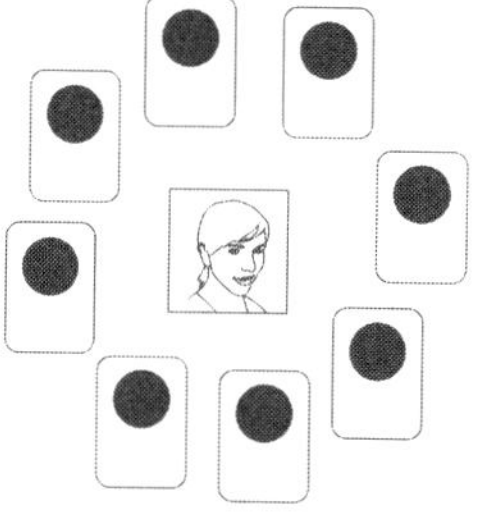

… mit Hilfe der „Engel-Kombi-Symbole" (früher: „Engel-Therapie-Symbole")

Verwenden Sie dafür alle sieben
Engelsymbole aus der Serie
No. 43 - Loriel

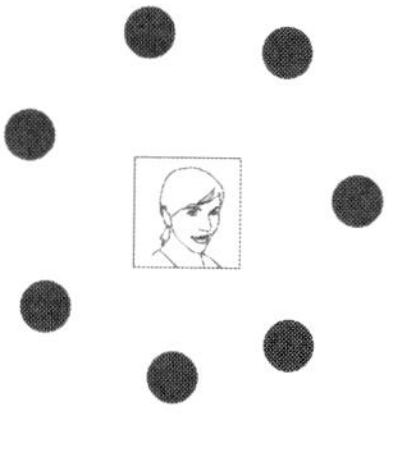

Als Unterstützung empfiehlt sich die Verwendung der Engelessenz No. 23 „Engel für Erkenntnis und Annehmen" sowie der Engel-Aura-Essenz „Erzengel Michael" bzw. „Erzengel Uriel".

Engelsymbol-Kreis für die dritte Trauerphase

(siehe Seite 126)

… mit Hilfe der „Engelsymbole I - 49

Sie können dafür folgende acht Engelsymbol-Karten verwenden:

No. 01 - Glaube und Vertrauen
No. 02 - Liebe und Selbstliebe
No. 05 - Kraft und Stärke
No. 06 - Veränderung und Verwandlung
No. 07 - Optimismus und Schönheit
No. 24 - Wiederkehrende Gedanken und Lösungen
No. 44 - Erzengel Chamuel
No. 48 - Erzengel Zadkiel

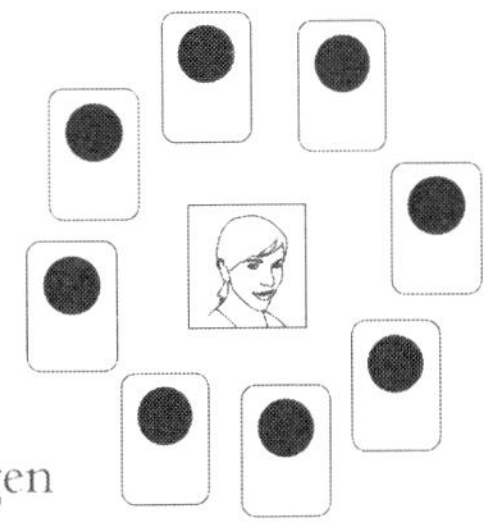

… mit Hilfe der „Engel-Kombi-Symbole“ (früher: „Engel-Therapie-Symbole“)

Verwenden Sie dafür alle sieben Engelsymbole aus der Serie No. 43 - Loriel

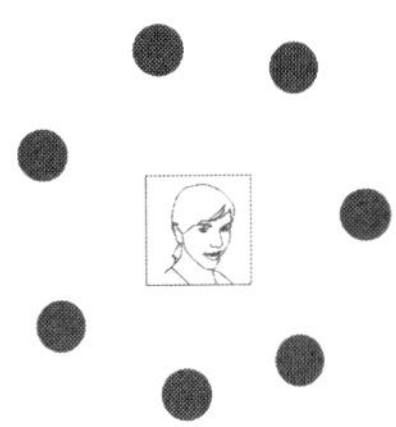

Als Unterstützung empfiehlt sich die Verwendung der Engelessenz No. 24 „Engel für wiederkehrende Gedanken und Lösungen“ sowie der Engel-Aura-Essenz „Erzengel Zadkiel“ bzw. „Erzengel Uriel“.

Engelsymbol-Kreis für die vierte Trauerphase
(siehe Seite 127)

… mit Hilfe der „Engelsymbole 1 - 49

Sie können dafür folgende acht Engelsymbol-Karten verwenden:

No. 01 - Glaube und Vertrauen
No. 02 - Liebe und Selbstliebe
No. 05 - Kraft und Stärke
No. 06 - Veränderung und Verwandlung
No. 07 - Optimismus und Schönheit
No. 13 - Entscheidung und Neuorientierung
No. 44 - Erzengel Chamuel
No. 47 - Erzengel Uriel

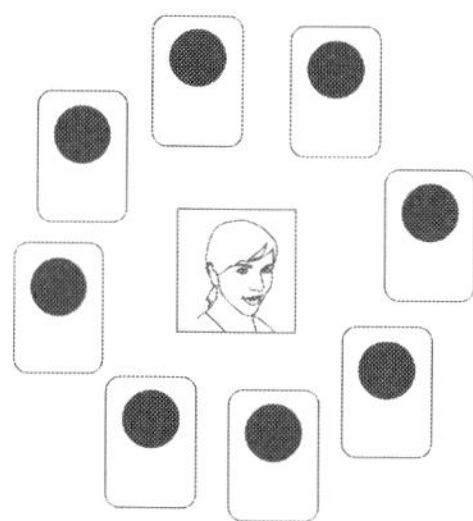

… mit Hilfe der „Engel-Kombi-Symbole“ (früher: „Engel-Therapie-Symbole“)

Verwenden Sie dafür alle sieben Engelsymbole aus der Serie No. 43 - Loriel

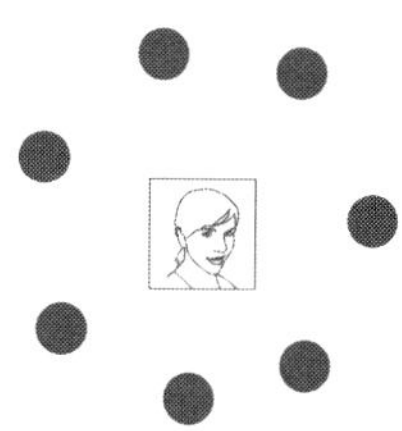

Als Unterstützung empfiehlt sich die Verwendung der Engelessenz No. 13 „Engel für Entscheidung und Neuorientierung“ sowie der Engel-Aura-Essenz „Erzengel Chamuel“ bzw. „Erzengel Uriel“.

Engelsymbol-Kreis bei Schuldgefühlen und nicht eingelösten Versprechen (siehe Seite 129)

... mit Hilfe der „Engelsymbole 1 - 49

Sie können dafür folgende sieben Engelsymbol-Karten verwenden:

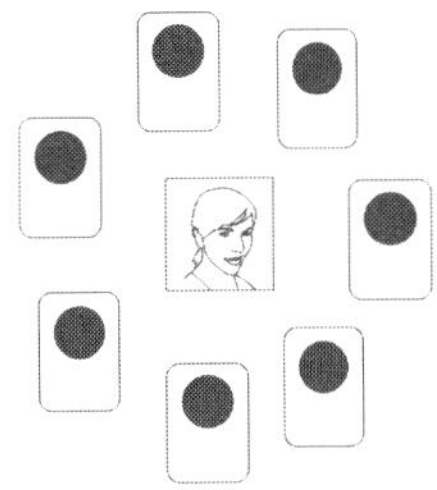

No. 02 - Liebe und Selbstliebe
No. 06 - Veränderung und Verwandlung
No. 38 - Karmaerlösung
No. 42 - Erzengel Michael
No. 44 - Erzengel Chamuel
No. 45 - Erzengel Gabriel
No. 48 - Erzengel Zadkiel

... mit Hilfe der „Engel-Kombi-Symbole" (früher: „Engel-Therapie-Symbole")

Verwenden Sie dafür alle sieben Engelsymbole aus der Serie No. 25 - Cithael

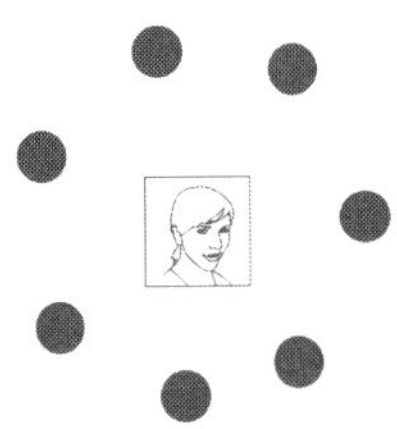

Als Unterstützung empfiehlt sich die Verwendung der Engelessenz No. 38 „Engel für Karmaerlösung" sowie der Engel-Aura-Essenz „Erzengel Chamuel".

Engelsymbol-Kreis für erdgebundene Seelen

(siehe Seite 112)

… mit Hilfe der „Engelsymbole 1 - 49

Sie können dafür folgende sieben
Engelsymbol-Karten verwenden:

No. 08 - Richtung und Ziel
No. 36 - Loslassen
No. 38 - Karmaerlösung
No. 39 - Gnade
No. 42 - Erzengel Michael
No. 45 - Erzengel Gabriel
No. 48 - Erzengel Zadkiel

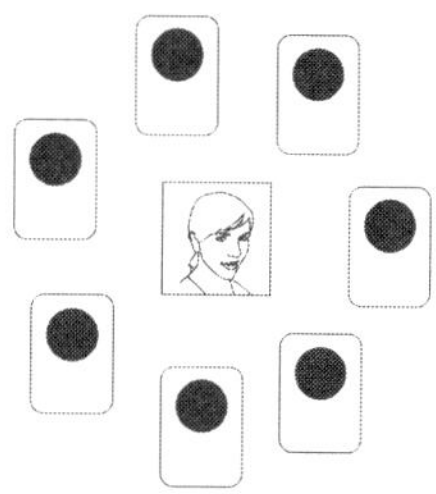

… mit Hilfe der „Engel-Kombi-Symbole“ (früher: „Engel-Therapie-Symbole“)

Verwenden Sie dafür alle sieben
Engelsymbole aus der Serie
No. 24 - Sorael

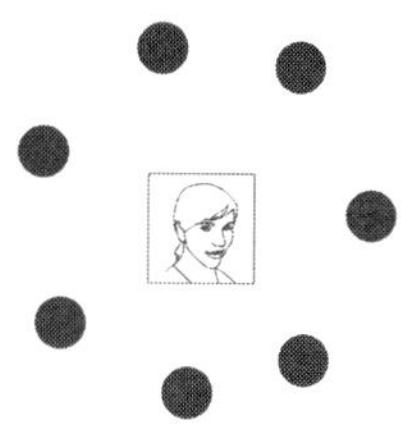

Diesen Engelsymbol-Kreis mindestens drei Monate liegen lassen!

3 Mo.

Engelsymbol-Kreis „Ein neues Leben beginnen“
(siehe Seite 134)

… mit Hilfe der „Engelsymbole 1 - 49

Sie können dafür folgende acht
Engelsymbol-Karten verwenden:

No. 01 - Glaube und Vertrauen
No. 02 - Liebe und Selbstliebe
No. 05 - Kraft und Stärke
No. 06 - Veränderung und Verwandlung
No. 07 - Optimismus und Schönheit
No. 13 - Entscheidung und Neuorientierung
No. 44 - Erzengel Chamuel
No. 47 - Erzengel Uriel

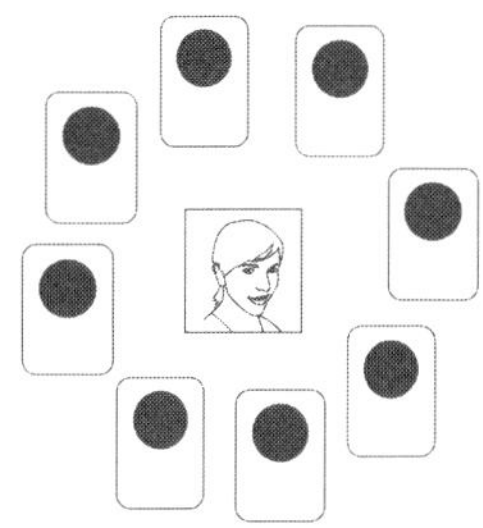

… mit Hilfe der „Engel-Kombi-Symbole“ (früher: „Engel-Therapie-Symbole“)

Verwenden Sie dafür alle sieben
Engelsymbole aus der Serie
No. 43 - Loriel

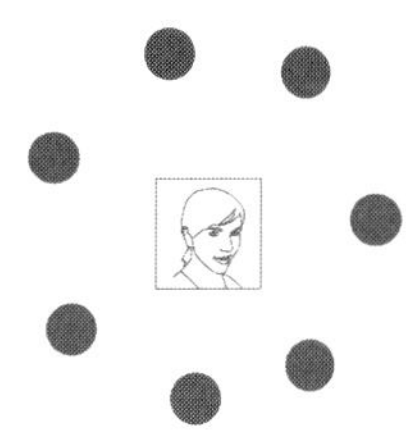

Als Unterstützung empfiehlt sich die Verwendung der Engelessenz No. 13 „Engel für Entscheidung und Neuorientierung“ sowie der Engel-Aura-Essenz „Erzengel Chamuel“ bzw. „Erzengel Uriel“.

Anhang

Übertragungskarte

Mit Hilfe der Übertragungskarte können Sie Energieübertragungen vornehmen. Kopieren Sie die abgebildete Übertragungskarte aus dem Buch, geben Sie eine Essenz, ein Öl oder eine Symbolkarte in die Spirale. Legen Sie ein Foto jener Person in den Kreis, der sie helfen möchten. Sie sollten die Übertragungskarte einige Zeit lang liegen lassen.

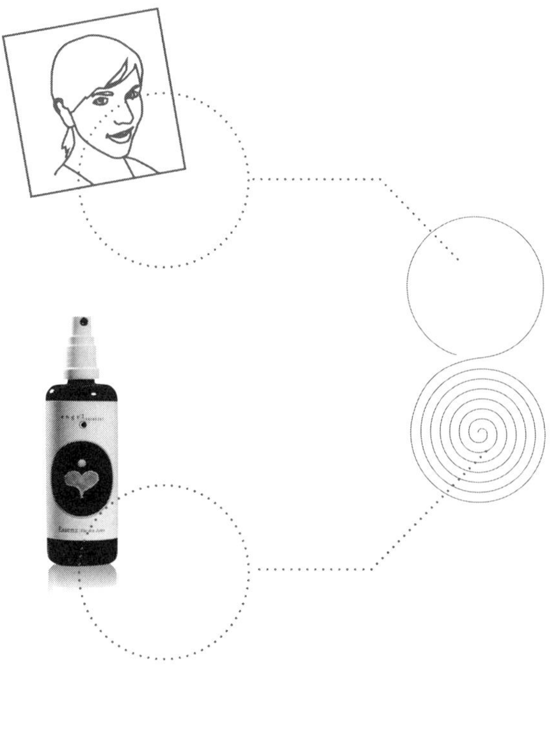

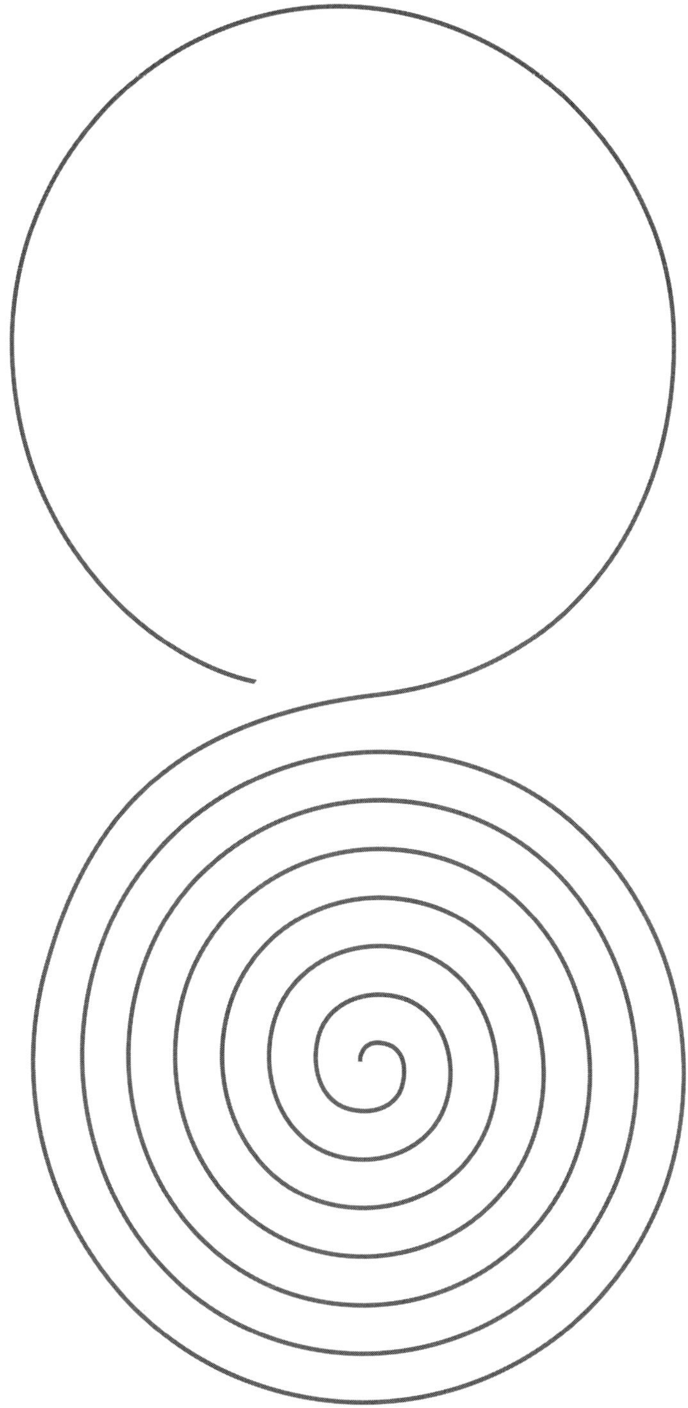

Quellennachweis

Brennan, Barbara Ann: Licht-Heilung. München 1994
Canacackis, Jorgos. Ich begleite dich durch deine Trauer. Stuttgart 2007
Dahlke, Dr. med. Ruediger: Krankheit als Sprache der Seele. München 1997
Dahlke, Dr. med. Ruediger: Krankheit als Weg. München 2000
Hay, Louise: Heile deinen Körper. Seelisch-geistige Gründe für körperliche Krankheiten. Stuttgart 1989
Holey, Hannes: Bis zum Jahr 2012. Fichtenau 2000. Beim 5. Heiligen und Ökumenischen Konzil in Konstantinopel 553 n. Chr. wurde unter Justinian I. festgelegt, dass „... die Lehre von der Präexistenz der Seele endgültig als Ketzerei zu gelten habe und jeder, der sie vertrete, mit fünfzehn Bannflüchen verdammt sei...“. Seite 162 ff.
Jakoby, Bernard: Keine Seele geht verloren. München 2003
Klinghardt, Dr. med. Dietrich: Lehrbuch der Psycho-Kinesiologie. Freiburg 1996
Kretzschmar, Ute: Der Aufstieg der Erde 2012 in die fünfte Dimension. Seeon 2002
Lipton, Dr. med. Bruce: Intelligente Zellen. Wie Erfahrungen unsere Gene steuern. Burgrain 2006
Rinpoche, Sogyal: Das tibetische Buch vom Leben und Sterben. Frankfurt 2004
Stubbs, Tony: Handbuch für den Aufstieg. Freiburg 2002

Glossar

Engel-Therapie-Symbole wurden umbenannt in Engel-Kombi-Symbole. Sie werden u. a. für die Engelsymbol-Kreise verwendet.

Höheres Selbst: Auch „Sonnenengel" genannt, ist der Göttliche Anteil, die Göttliche Führung eines Menschen.

Karma, karmisch: „Lernprogramm", das der Mensch in sein jeweiliges Leben mitbringt bzw. während des Lebens durch sein Tun neu geprägt und gestaltet wird.

Kinesiologischer Muskeltest: „Bio-Feedback-Gerät" des menschlichen Körpers. Durch die richtige Deutung einer willentlich ausgelösten Muskelkontraktion kann ein geschulter Kinesiologe die Abneigungen, Bedürfnisse, Blockaden, Schwächen etc. an Mensch und Tier abfragen.

Kirlian-Fotografie: Diese „Hochfrequente Hochspannungsfotografie" ist ein fotografisches Verfahren für den feinstofflichen Körper, das vom russischen Ehepaar Kirlian ab 1937 entwickelt wurde.

Kryon: Hohes Engelwesen, das die Menschheit u. a. auf einen weltumspannenden Transformationsprozess vorbereitet und begleitet. Siehe auch www.kryon-deutschland.de.

Meridiane: Unsichtbare Energiebahnen unterhalb der Haut gelegen, durch die Lebensenergie fließt.

Publikationen von Ingrid Auer

Für Einsteiger

„Heilende Engelsymbole". 49 Schlüssel zur Engelwelt. Farbkarten und Handbuch. ISBN 3-89845-007-4

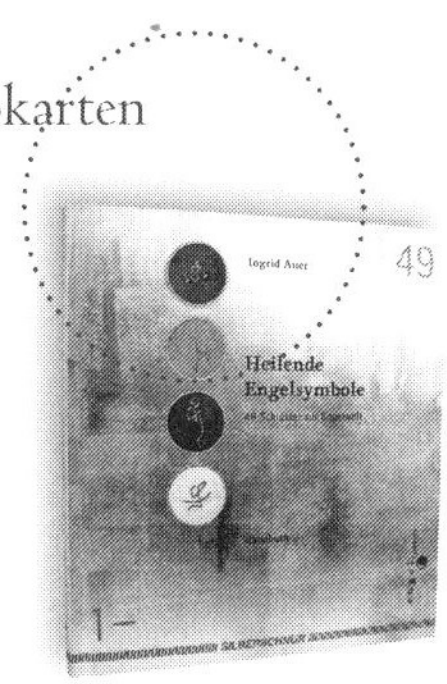

Kartenset inklusive

„Heilende Engelsymbole" (Karten ohne Buch). ISBN 3-89845-017-1

„Engelsymbol-Herzkarten"(Engelsymbole 1 - 49 als Geschenkset in Herzform). ISBN-13 978-3-89845-149-9

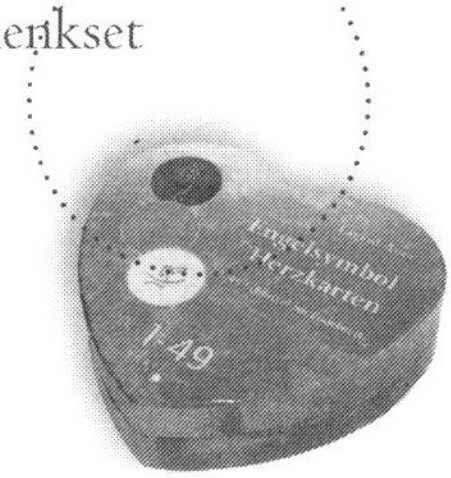

Für Fortgeschrittene

„Nütze die Kraft der Engel-Kombi-Symbole".
18 komplette Symbol-Sets liegen dem Buch bei.
ISBN 978-3-89845-225-0

Symbolset inklusive

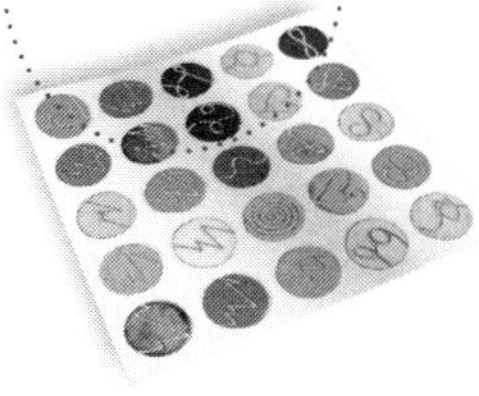

„Engel-Kombi-Symbole" (Nachkauf, ohne Buch)

Für Profis

„Heilende Engel-Transformationssymbole" mit 21 Symbolkarten.
ISBN-13 978-3-9502151-0-6

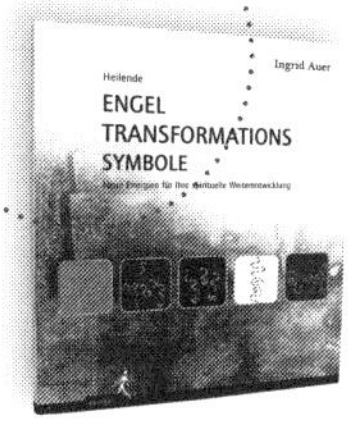

Kartenset inklusive

„Heilende Engel-Transformationssymbole", 21 Symbolkarten (ohne Buch). ISBN-13 978-3-9502151-1-3

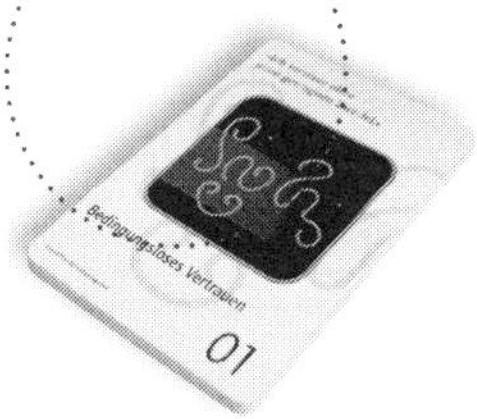

Für Praktiker

„Praxishandbuch der Engelsymbole". ISBN 3-89845-132-1

Für Anwender von Engelessenzen und - ölen

„Engelessenzen und Engelöle". ISBN 3-89845-44-9

Für werdende Eltern und Hebammen

"Engel begleiten durch Schwangerschaft, Geburt und die Zeit danach". Praxishandbuch. ISBN-13 978-3-9502151-2-0

Für Kinder, Eltern und Erzieher

„Engelsymbole für Kinder. Liebevolle Begleitung im Alltag“ mit 21 Kinder-Engelsymbolen. ISBN 3-89845-065-1

Symbolset inklusive

„Engelsymbole für Kinder“. 21 Symbolkarten (ohne Buch). ISBN 978-3-89845-119-2

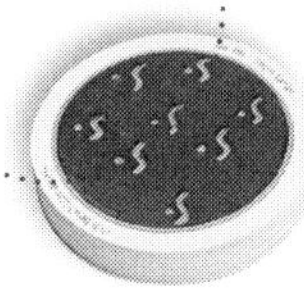

Für Kinder

„Der kleine Engel, der nicht wachsen wollte“. Engel-Bilderbuch mit wunderschönen Illustrationen von Conny Wolf, Text von Ingrid Auer. ISBN 978-3-9502151-4-4

„Meine Engel-Freunde“. Engel-Herzkarten für Kinder. ISBN 978-3-9502151-6-8. Erscheinungstermin 2008

„Hanna und die Schutzengel". Engel-Bilderbuch. Erscheinungstermin 2008

Meditations-CDs

"Meditieren mit den Erzengeln Michael, Gabriel und Jophiel". ISBN 3-89845-027-9

"Meditieren mit den Erzengeln Zadkiel, Metatron und Chamuel" ISBN 3-89845-043-0

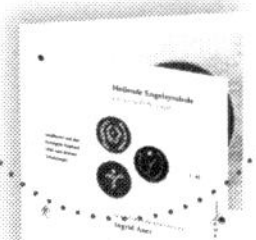

"Meditieren mit den Erzengeln Raphael, Uriel und deinem Schutzengel". ISBN 3-89845-055-4

"Engel begleiten durch Schwangerschaft und Geburt". ISBN 3-89845-056-2

„Engel heilen deine Aura und Chakren". ISBN 3-89845-071-6

„Heile dich selbst - Erzengel Raphael". ISBN 3-89845-028-7

„Begegne deinen Schutzengeln". ISBN 3-89845-070-8

„Kinder lieben Engel - Engel lieben Kinder".
ISBN- 3-89845-029-5

„Engel öffnen dein Herz". ISBN 978-3-9502151-5-1

Kontakt

Lichtpunkt & Ekonja-Verlag Ingrid Auer GmbH

Herstellung und Generalvertrieb
Wiener Straße 49
A-3300 Amstetten

t +43 (0) 664 / 48 00 676
f +43 (0) 7472 / 69 172

info@engelsymbole.at
www.engelsymbole.com

Celesta,

Spirituelle Sterbe- und Trauerbegleitung
Wollzeile 10
Eingang Strobelgasse 2/10
A-1010 Wien

t +43 (0) 676 / 954 70 73
f +43 (0) 1 / 513 78 89

info@celesta.at
www.celesta.at